Reclam Literaturunterricht

Sachanalysen. Stundenverläufe. Arbeitsblätter

Friedrich Schiller
Maria Stuart

Von Annemarie Niklas

Reclam

Abkürzungen und Symbole

EA Einzelarbeit
PA Partnerarbeit
GA Gruppenarbeit
UG Unterrichtsgespräch
LV Lehrervortrag

* Kennzeichnung eines zusätzlichen Arbeitsauftrags bzw. Unterrichtsschritts auf erhöhtem Niveau (für Binnendifferenzierung)
HA Hausaufgabe

Verweis auf die zugehörige Ausgabe:
Friedrich Schiller: Maria Stuart. Ein Trauerspiel. Hrsg. von Wolf Dieter Hellberg. Stuttgart: Reclam, 2021 [u. ö.]. (Reclam XL. Text und Kontext. 16128.)
Stellenangaben mit Seiten- und Zeilenzähler beziehen sich auf diese Ausgabe.

Code für editierbare Arbeitsblätter und Vorlagen

Alle für den Unterricht benötigten *Arbeitsblätter* und *Vorlagen* (Bilder und Texte) sind digital auf der Webseite **www.reclam.de/lehrer_mariastuart** zum Download verfügbar. Bitte geben Sie folgenden Code ein:

j6hiCuDN

Reihenkonzept: Max Kämper

Reclam Literaturunterricht | Nr. 15828
2024 Philipp Reclam jun. Verlag GmbH,
Siemensstraße 32, 71254 Ditzingen
Druck und Bindung: Esser printSolutions GmbH,
Untere Sonnenstraße 5, 84030 Ergolding
Printed in Germany 2024
RECLAM ist eine eingetragene Marke
der Philipp Reclam jun. GmbH & Co. KG, Stuttgart
ISBN 978-3-15-015828-9
www.reclam.de

Inhalt

Vorbemerkung

Maria Stuart von Friedrich Schiller ist im wahrsten Sinne des Wortes ein »Klassiker« und schon lange Teil eines schulischen Literaturkanons. Das liegt unter anderem daran, dass sich mit diesem Drama eine ganze Reihe gewichtiger, zum Teil auch philosophisch sehr komplexer Themen ansprechen lassen. Entsprechend umfangreich ist die didaktische Literatur dazu. Dieser Band setzt bewusst auf eine klare Akzentuierung, die Lernende in den Blick nimmt, bei denen noch keine vertieften Vorkenntnisse in diesem Feld zu erwarten sind.

Im Mittelpunkt steht zum einen die Konzeption als Drama: Im ersten Teil liegt der Fokus auf der Realisation als Bühnenstück mit allen wirkästhetischen Implikationen. Die Analyse des Dramentextes wird dann im Hinblick auf ein Wissen strukturiert, das schließlich zu einem kompakten Überblick über die Epoche der Weimarer Klassik führen soll, die in einem Themenheft gebündelt wird. Damit soll die Grundlage für ein solides literarisches Fachwissen, nicht zuletzt für das Abitur, geschaffen werden. Aus dem reichhaltigen Themenangebot zur vertieften Reflexion wird ein Themenkomplex herausgegriffen, der, nach wie vor aktuell, auch Schülerinnen und Schüler von heute betrifft: Das Verhältnis von Macht und Recht.

Benutzungshinweise

Der Band enthält zehn aufeinander aufbauende Unterrichtsstunden und zwei Klausuraufgaben mit Lösungsvorschlägen für die Sekundarstufe II.

Jedes Kapitel besteht aus zwei Teilen:
- **Sachanalyse** mit einem praxisorientierten, auf den Unterrichtsverlauf bezogenen Interpretationsangebot
- **Unterrichtsverlauf** mit (a) kurzem Überblick über Thema und Ziel, (b) den Unterrichtsschritten in tabellarischer Übersicht und (c) ausführlichen Erläuterungen zu den einzelnen Unterrichtsschritten

Jedes Kapitel bietet alle für den Unterricht benötigten Materialien:
- kopierfähige **Arbeitsblätter** (ggf. mit Lösungsvorschlägen im Anhang)
- **Vorlagen** (Bilder oder Texte)
- **Tafelbilder** (Vorschläge für die mediale Präsentation)

Jedes Kapitel enthält an allen geeigneten Stellen Hinweise für
- einen möglichen **verkürzten Verlauf** (als fakultativ gekennzeichnete Unterrichtsschritte)
- eine mögliche **Binnendifferenzierung** (die entsprechenden Arbeitsaufträge auf erhöhtem Niveau sind mit einem Asterisk * gekennzeichnet)

Textgrundlage ist die Ausgabe: Friedrich Schiller: *Maria Stuart.* Hrsg. von Wolf Dieter Hellberg. Stuttgart: Reclam, 2021 [u. ö.]. (Reclam XL. Text und Kontext. Nr. 16128.)

Hinweis: Die Reihe *Reclam Literaturunterricht* achtet auf gendergerechte Sprache. Aus Gründen der Lesbarkeit wird in seltenen Fällen davon abgewichen, immer sind aber alle Geschlechter gemeint.

1 Es wird *Maria Stuart* gegeben: über das Stück im Schauspielführer
Einen Überblick über das Stück gewinnen und dessen Potenzial taxieren

Sachanalyse

Wirft man einen Blick in die Kundenrezensionen des Reclam XL Bandes *Friedrich Schiller. Maria Stuart* bei Amazon, melden sich auch Schülerinnen und Schüler zu Wort, mit Beiträgen wie »schwer zu verstehen« oder dem Hinweis, dass der Band »nicht in die Gattung Romane [!] gehört, die ich gerne lese«[1]. Beides zeigt das Dilemma eines über zweihundert Jahre alten Dramas als Schullektüre, vor allem wenn es im Unterricht auf die Printversion verkürzt wird.

Dem gegenüber steht die Realisation des Stücks auf der Bühne: »Jede Inszenierung ist von der Verpflichtung bestimmt, aktuell zu sein. Diese Aktualität erweist sich nicht unbedingt darin, dass Versatzstücke aus der Lebenswelt des Publikums auf der Bühne präsentiert werden, sondern darin, dass die Zuschauer in die Problemfelder der Figuren auf der Bühne und in deren Fragehorizont als ihren eigenen hereingeholt werden.«[2] Diese Aktualität lässt sich nur in der Erfahrung eines – im günstigsten Fall realen – Theaterbesuchs erleben, ggf. auch mit einer Videoaufzeichnung eines solchen simulieren.

Damit die Zuschauenden sich auf das Stück und seine Problematik einlassen können, sind jedoch im schulischen Kontext Vorarbeiten möglich – und nötig! Dazu muss zunächst das Verhältnis von Print- bzw. Lesetext und konkreter Inszenierung bestimmt werden: »Wenn ein Theaterstück inszeniert wird, ist mit dem dramatischen Text eine Vorgabe gegeben, die bei der Lektüre und im Probenprozess auf eine mögliche Inszenierung vorausweist [...] eine Art Fabel [...], die zu verstehen und nachzuvollziehen Zuschauer in Aufführungen für ihre wesentliche Aufgabe halten können.«[3] Die Formulierung von Weiler und Roselt deutet bereits an, dass da in der konkreten Realisation auf der Bühne noch sehr viel mehr vermittelt wird. Daher kann es sinnvoll sein, den Verstehensprozess zu entlasten, indem man sich vor dem Theaterbesuch mit einem Blick in den Schauspielführer vorbereitet, um »eben jene Informationen [zu] finden, die [...] über das Geschehen, in das die Figuren verwickelt sind, aufklären.«[4]

Ergänzend dazu bieten verschiedene Schauspielführer auch knappe Interpretationsansätze an, etwa, dass »Maria [...] jene höchste Freiheit [gewinnt], die für Schiller den eigentlichen Triumph des Menschen als eines moralischen Wesens über die Zwänge der Realität darstellt«[5] oder dass Elisabeth »vor allem berechnende Herrscherin [ist], sie aber auch tragische Züge [trägt]«.[6]

Marion Siems vollzieht in *Reclams neuer Schauspielführer*[7] nach einer kurzen Übersicht über die handelnden Personen und die Angabe von Ort und Zeit eine relativ detailreiche Wiedergabe der Handlung chronologisch nach, ohne jedoch die einzelnen Akte/ Aufzüge anzugeben. Sie stellt deutlich dar, in welchem Verhältnis die einzelnen Personen zueinander stehen, was bei der Rezeption des Stückes nicht immer von vorneherein zuordenbar ist. Leicht verwirrend ist dabei allerdings die Fülle der Namen, die in dem Stück auftauchen, was komprimiert noch unübersichtlicher wirkt als bei einer Aufführung, wo zum Namen auch immer ein Gesicht, eine Person gehört – hier sollte man im Unterricht Lesehilfen geben.

Dennoch gelingt es Marion Siems auf zwei Textseiten klar, den roten Faden der Handlung herauszuarbeiten, ohne wertend einzugreifen. In einem abschließenden Absatz folgt noch eine eher persönliche, leicht interpretative Stellungnahme, die die historischen Wurzeln des Dramas in den Mittelpunkt rückt.

1 Siehe www.amazon.de/Maria-Stuart-Textausgabe-Kommentar-Materialien/product-reviews/3150161282/ref=cm_cr_dp_d_show_all_btm?ie=UTF8&reviewerType=all_reviews (Stand: 5. 2. 2024).
2 Theodor Pelster, *Lektüreschlüssel XL. Friedrich Schiller: »Maria Stuart«*, Stuttgart 2017, S. 10.
3 Christel Weiler / Jens Roselt, *Aufführungsanalyse. Eine Einführung*, Tübingen 2017, S. 241.
4 Ebd.
5 *Knaurs großer Schauspielführer*, München 1994, S. 561.
6 Brigitte Beier, »*Maria Stuart*«, in: *Harenberg Schauspielführer*, Dortmund ³2003, S. 911.
7 *Reclams neuer Schauspielführer*, hrsg. von Marion Siems, Stuttgart 2005, S. 201 ff.

Unterrichtsverlauf

Überblick. Die Schülerinnen und Schüler erschließen sich die beiden Theaterplakate von Wiktor Sadowski und Andreas Wallat. Sie gewinnen mittels der Lektüre des Artikels zu *Maria Stuart* in *Reclams neuem Schauspielführer* einen ersten Einblick in die Handlung des Stücks. Die Informationen aus dem Schauspielführer systematisieren sie überblicksartig und führen sich damit die Struktur des Dramas grob vor Augen. Vertiefend vergleichen sie ihre Eindrücke von den Theaterplakaten mit der Handlung des Stückes und erhalten erste Eindrücke über mögliche Interpretationsansätze (der Plakatkünstler).

Phase	Thema	Sozialform	Kompetenzen/Lernziele	Materialien
Voraussetzungen: keine				
1.1	Einstieg: Vergleich der Theaterplakate zu *Maria Stuart*	UG	• Aussprache zum Drama bzw. zu Vorstellungen darüber	VORLAGE 1 ➤ S. 7
1.2	Erarbeitung: Darstellung im Schauspielführer lesen	EA	• Überblick über die Handlung gewinnen	ARBEITSBLATT 1 ➤ S. 9 f.
1.3	Sicherung: Darstellung aus dem Schauspielführer systematisieren	PA / UG	• Struktur der Handlung klar vor Augen führen	ARBEITSBLATT 1 ➤ S. 9 f.
1.4	Vertiefung: Inhaltsangabe und Theaterplakate im Vergleich diskutieren	UG	• Erste Einblicke reflektieren	VORLAGE 1 ➤ S. 7 ARBEITSBLATT 1 ➤ S. 9 f.

Im Mittelpunkt der Unterrichtssequenz steht die konkrete Begegnung mit einer Theaterinszenierung (live oder auf Video, vgl. Kapitel 3), die vor- und nachbereitet wird. Auf die Nachbereitung folgen vertiefende Einheiten zum literaturwissenschaftlichen Kontext.

Zu Beginn der Sequenz soll daher auf den (ggf. virtuellen) Theaterbesuch eingestimmt werden: Im Mittelpunkt stehen Theaterplakate und ein Blick in den Schauspielführer, die Interesse wecken und einen gelungenen Zugang zum Stück anbahnen sollen.

Die Lektüre des Dramas erfolgt idealerweise *nach* dem Theaterbesuch bzw. der digitalen Rezeption (Kapitel 3). Daher ist es möglicherweise sinnvoll, zwischen dieser und der folgenden Unterrichtsstunde einen längeren Zeitraum vorzusehen, damit die Textmenge bewältigt werden kann. Alternativ kann der Lektüreauftrag auch bereits im Anschluss an diese 1. Unterrichtsstunde erfolgen. Ab der 4. Unterrichtsstunde wird Textkenntnis des gesamten Dramas vorausgesetzt.

1.1 Einstieg: Vergleich der Theaterplakate zu *Maria Stuart*

UG

VORLAGE 1 ➤ S. 7

Unterrichtsschritt. Mit VORLAGE 1 ***Theaterplakate zu »Maria Stuart« von Friedrich Schiller*** von Wiktor Sadowski und Andreas Wallat gewinnen die Schülerinnen und Schüler erste Eindrücke und Informationen. Sie nehmen eine systematische Bildbeschreibung vor und formulieren ihre persönliche Wahrnehmung.

Leitfragen:
- Es handelt sich um Theaterplakate zu Aufführungen des Stücks *Maria Stuart* von Friedrich Schiller. Was wissen Sie über das Stück und/oder den Autor?
- Beschreiben Sie Plakatinhalt, Bildkomposition, Farbgebung, Mimik, Gestik usw.
- Stellen Sie Vermutungen darüber an, worum es in dem Theaterstück *Maria Stuart* geht und in welcher Weise der Plakatkünstler dazu Stellung nimmt.
- Denken Sie in diesem Kontext über mögliche symbolische Ebenen im Plakat und die subjektive Bildaussage nach.

VORLAGE 1

Theaterplakate zu *Maria Stuart* von Friedrich Schiller

Theaterplakate zu Friedrich Schillers *Maria Stuart.* Links: Wiktor Sadowski, 1991. Rechts: Andreas Wallat, 2008. – Mit Genehmigung von Andreas Wallat, Cottbus

Erläuterungen zu den Theaterplakaten:

1. Wiktor Sadowski, geb. 1956 in Olendry, ist ein polnischer Grafikdesigner, der an der Warschauer Akademie der bildenden Künste studierte. Er hat sich auf Plakate und Buchillustrationen spezialisiert und gewann in der Vergangenheit mehrfach Preise, darunter den zweiten Platz beim Internationalen Theaterplakatwettbewerb in Osnabrück 1991.

Sein Plakat fasziniert durch die Unmittelbarkeit, mit der die abgebildete Figur dem Betrachter in die Augen starrt: Man gewinnt den Eindruck, sie möchte dem Gegenüber dringend etwas mitteilen, doch der Mund ist versperrt: Streng symmetrisch wird das Plakat, wird der dargestellte Kopf zerteilt von einer geschlossenen Schere, die auch die eine Hälfte mit den klar konturierten Zügen und dem unverstellten Auge trennt von der Seite, die verborgen ist hinter einer roten Farbwolke. Die dem Gesicht gefährlich nahe Schere und die rote Farbe vor schwarzem Hintergrund erzeugen eine bedrohliche Atmosphäre. »Gewalt!« ist deren Botschaft. Der massive Schriftzug am unteren Rand lässt dabei vermuten, dass es sich bei der abgebildeten Person um Maria Stuart handelt, die den Zuschauer auffordert, ihre Botschaft zu sehen, obwohl sie von ihm abgetrennt ist durch Schneidewerkzeug und das Blutrot über der ansonsten schwarzweißen Fläche ihres Gesichts.

2. Andreas Wallat, geb. 1954 in Schwerin, arbeitete nach seiner Lehre zum Gebrauchswerber ab 1973 an verschiedenen Theatern und vertiefte seine fachlichen Kenntnisse im Eigenstudium. 1984 wurde er in den Verband Bildender Künstler aufgenommen. Im Jahr 2000 gründete er mit einem Kollegen eine eigene Designfirma.

2008 nimmt Barbara Martin, Kustodin am Kunstmuseum dkw Cottbus, in ihrer Laudatio einer Ausstellung von Wallats Theaterplakaten unter anderem zu dem Plakat zu *Maria Stuart* Stellung, sie spricht von einer »irritierende[n] Kippsituation. Im ersten flüchtigen Eindruck sieht man zwei Münder, die voller Zuneigung einander wie im Kuss begegnen, genauer betrachtet erkennt man jedoch ganz schnell die kämpferische Absicht, man erkennt, dass sie im Begriff sind, sich ineinander zu verbeißen« (www.paul-boeckelmann-erna.de/altenau04/2008.Wallat.html, Stand: 5.2.2024). Der Betrachter steht dabei vor einem Bild, das ihn völlig ausschließt: Die beiden Frauenköpfe, die das Bild ausfüllen, sind komplett aufeinander bezogen, der Blick wird auf die geöffneten Münder gelenkt, Kuss oder Biss – auch ein Schrei wäre angesichts der Mundhaltung möglich – in jedem Fall eine Eskalation der Gefühle. Die Farbgebung ist ein kühles Blau und Schwarz, dazu rote Akzente: die Lippen, die Haare der Person, die sich der zupackenden Hand an ihrem Hals unterordnet, der Person, über deren Kopf der Schriftzug »Maria Stuart« zu lesen ist. Machtvoller dagegen scheint die schwarzhaarige Person im Vordergrund: Wallat gibt

Elisabeth auf seinem Plakat viel Raum, und er inszeniert den Machtkampf der beiden Frauen, dessen Ende er schon verdeutlicht.

1.2 Erarbeitung: Darstellung im Schauspielführer lesen

EA

ARBEITSBLATT 1
➤ S. 9 f.
Lösungshinweise
➤ S. 94

Unterrichtsschritt. Der Artikel *Maria Stuart* aus *Reclams neuer Schauspielführer* auf ARBEITSBLATT 1 ***Maria Stuart*** wird von den Schülerinnen und Schülern still gelesen. Falls nötig, wird darauf hingewiesen, dass die Zeile unter der Überschrift Zeit und Ort der Uraufführung benennt und nach dem Personenregister Ort und Zeit der Handlung des Dramas angegeben werden.

1.3 Sicherung: Darstellung aus dem Schauspielführer systematisieren

PA / UG

ARBEITSBLATT 1
➤ S. 9 f.

Unterrichtsschritt. Anhand von ARBEITSBLATT 1 ordnen die Lernenden in Partnerarbeit die Personen im Personenregister den Königinnen zu und gewinnen damit einen ersten schematischen Überblick über die beiden Parteien, die sich feindlich gegenüberstehen. Im Anschluss fassen sie die Informationen aus dem Schauspielführer zusammen und tragen sie in das Schema unter den Kategorien »Vorgeschichte«, »Handlung des Dramas« und »Das tragische Ende« ein. Die Lösungen werden im Unterrichtsgespräch nachbereitet.

Erläuterungen. Der Überblick über Personen und Handlung findet sich in ähnlicher Form in *Lektüreschlüssel XL. Friedrich Schiller: Maria Stuart* von Theodor Pelster (Stuttgart 2017, S. 13 und 26), der an dieser Stelle auch mit herangezogen werden könnte. Diese sehr frühe Klärung der Handlung und der beteiligten Personen hilft den Jugendlichen von Anfang an, sich im Stück zurechtzufinden. Verzichtet wird dabei auf einen möglichen Spannungsbogen (überlebt Maria?, wer gewinnt den Konflikt? o. ä.), der aber auch nicht im Fokus des Autors und der hier vorliegenden Unterrichtseinheit steht – die Übersicht über den Handlungsverlauf und das tragische Ende soll vielmehr den Weg frei machen für tiefere Schichten einer Interpretation.

1.4 Vertiefung: Inhaltsangabe und Theaterplakate im Vergleich diskutieren

UG

VORLAGE 1
➤ S. 7
ARBEITSBLATT 1
➤ S. 9 f.

Unterrichtsschritt. Die Schülerinnen und Schüler bringen die besprochenen Theaterplakate und die Inhaltsangabe zueinander in Relation. Sie verstehen damit die Plakate vor dem Hintergrund der Handlung neu bzw. vertieft und denken über mögliche Interpretationsansätze der Plakatkünstler nach.

Erläuterungen. Wiktor Sadowski stellt die Person der Maria Stuart in den Mittelpunkt: Sie wird gewaltsam abgeschnitten vom Leben, der klare und eindringliche Blick, der dem Zuschauer eine Botschaft vermitteln will, wird getrübt durch die rote Blutwolke der rohen Gewalt. Bei Wallat hingegen entsteht ein Strudel von Emotionen zwischen den beiden Königinnen, dem die Betrachtenden fasziniert gegenüberstehen – und ihre eigene Position finden müssen.

Maria Stuart

»[Uraufführung]: 14. Juni 1800; Hoftheater, Weimar

PERSONEN: Elisabeth, Königin von England – Maria Stuart, Königin von Schottland, Gefangene in England – Robert Dudley, Graf von Leicester – Georg Talbot, Graf von Shrewsbury – Wilhelm Cecil, Baron von Burleigh, Großschatzmeister – Wilhelm Davison, Staatssekretär – Amias Paulet, Ritter, Hüter der Maria – Mortimer, sein Neffe – Graf Aubespine, französischer Gesandter – Melvil, Haushofmeister der Maria – Hanna Kennedy, ihre Amme – u. a.
ORT UND ZEIT: England; 1587

Die schottische Königin Maria Stuart war nach der Ermordung ihres Gatten, an der sie vermutlich beteiligt war, schutzsuchend nach England geflohen. Doch unter dem Verdacht, einen Anschlag auf die englische Königin Elisabeth I. unterstützt zu haben, wurde sie gefangengenommen. Sir Amias Paulet, Maria Stuarts Wächter, sucht nach Beweisen für Marias Verschwörung mit Frankreichs Herrschern. Paulets Neffe Mortimer offenbart sich Maria gegenüber als konvertierter Anhänger der französisch-katholischen Partei, die den Anspruch der schottischen Königin auf den Thron von England unterstützt. Unter seiner Führung soll sie befreit werden. Baron von Burleigh verkündet Maria das Todesurteil. Sie bestreitet die Legitimation des Gerichts und die Echtheit der Zeugenaussagen. Burleigh gibt Paulet zu verstehen, dass eine heimliche Ermordung Marias erwünscht sei. Burleigh fordert Elisabeth auf, die Hinrichtung Marias anzuordnen. Doch die Grafen von Shrewsbury und Leicester setzen sich für das Leben Marias ein. Elisabeth beauftragt den ihr gegenüber loyalen Mortimer mit der heimlichen Ermordung Marias. Mortimer weiht Leicester in den Befreiungsplan ein. Dieser hatte einst Marias Hand zurückgewiesen, in der Hoffnung, Elisabeth zu besitzen. Doch nun, wo Gefahr droht, Elisabeth an den französischen Herzog von Anjou zu verlieren, möchte er Maria doch für sich gewinnen und nimmt heimlich Kontakt zu ihr auf. Leicester überredet Elisabeth zu einem Treffen mit Maria, um das sie in einem Brief gebeten hatte. – Die Königinnen begegnen sich im Park. Maria entsagt jedem Anspruch auf England und bittet um Freiheit. Doch Elisabeth verhöhnt sie als Mörderin ihrer Freier und Männer. Maria bekennt sich zu ihren Verfehlungen, beleidigt nun Elisabeth als illegitimen Bastard und bezeichnet sich als die rechtmäßige Königin. – Nachdem ein Anschlag auf Elisabeth verübt worden ist, warnt Mortimer Leicester, das Komplott werde auffliegen. Um sich selbst zu retten, lässt Leicester Mortimer als Hochverräter festnehmen. Mortimer ersticht sich mit seinem Dolch. Unter dem Druck des aufgebrachten englischen Volkes und ihrer Berater unterzeichnet die Königin das Todesurteil. Sie übergibt es ihrem Staatssekretär Davison mit dem zweideutigen Auftrag, seine Pflicht zu tun. Davison weiß nicht, ob er das unterzeichnete Todesurteil weiterleiten oder so lange aufbewahren muss, bis weitere Anweisungen von Elisabeth folgen. Burleigh entreißt ihm das unterschriebene Dokument. – Gefasst bereitet sich Maria auf ihre Hinrichtung vor. Während der Beichte bekennt sie ihre Vergehen, bekräftigt aber, dass sie einen Anschlag auf Elisabeth nie geplant habe. Im Palast zu Westminster berichtet Shrewsbury Elisabeth, dass die Zeugen einen Meineid gegen Maria gestanden haben. Elisabeth will neue Untersuchungen anordnen und das Todesurteil aufschieben – doch es ist bereits vollstreckt.

Zwei großartige, gegensätzliche Frauenrollen werden hier in Szene gesetzt: Als absolutistische Herrscherin ist Maria Stuart (1542–1587) Repräsentantin der alten katholischen Religion in Allianz zum französischen und spanischen Königshaus. Trotz ihrer Verfehlungen wurde sie bereits zu Lebzeiten wie eine Heilige verehrt. Elisabeth I. (1533–1603) hingegen steht für die neue, reformatorische Weltanschauung. Ihr protestantisches England ist in Europa isoliert; die Bedrohung von außen lässt sie zu einer Königin werden, die in ihrem vorwiegend vernunftgeleiteten Handeln unnahbar zu sein scheint. Schiller stützte sich auf verschiedene historische Quellen. ›Freiheit über die Geschichte‹, schrieb Schiller an Goethe 1799, erlaube er sich mit der Rolle des Mortimer, dem Verhältnis Maria und Leicester sowie mit der Begegnung der beiden Frauen in Akt III, dem Höhepunkt seines Trauerspiels.«

Marion Siems: Maria Stuart. In: Reclams neuer Schauspielführer. Hrsg. von M. S. Stuttgart: Reclam, ^{24}2017. S. 201–203.

	Vorgeschichte	Handlung des Dramas	Das tragische Ende
Maria			
Elisabeth			

Arbeitsaufträge:

1. Unterstreichen Sie im Personenregister Figuren, die auf der Seite Maria Stuarts stehen grün, Figuren, die Elisabeth unterstützen, rot.
2. Fassen Sie das Geschehen zusammen und tragen Sie wesentliche Punkte in das Schema ein.

2 Das gab es ja »in echt«: ein vorbereitender Blick in die Geschichtsbücher Den historischen Kontext begreifen

Sachanalyse

Der Auszug aus dem Schauspielführer, der in der 1. Stunde im Mittelpunkt steht, endet mit einem Hinweis auf die historischen Wurzeln des Dramas – Schiller betrieb erwiesenermaßen ein solides Quellenstudium.[1] Gleichzeitig verweist Marion Siems auch auf Schillers dichterische »›Freiheit über die Geschichte‹«, wie er an Goethe 1799 schrieb, die er »sich mit der Rolle des Mortimer, dem Verhältnis Marias zu Leicester sowie mit der Begegnung der beiden Frauen in Akt III« erlaube.[2]

Diesen sehr überschaubaren Aspekten künstlerischer Freiheit stehen vielfältige historisch verbürgte Tatsachen gegenüber, die man für eine solide Einordnung des Dramas kennen sollte: Der Grundkonflikt geht zurück auf Heinrich VIII. Tudor, 1509–47 König von England, der im Zuge seiner Ehescheidung von Katharina von Aragon anstelle der römisch-katholischen Kirche den Protestantismus einführte in Form der Kirche Englands, als deren Oberhaupt er selbst fungierte. Ihm folgte sein neunjähriger Sohn Eduard aus dritter Ehe auf den Thron. Nach dessen frühem Tod übernahm Heinrichs älteste, katholische Tochter Maria (aus der Ehe mit Katharina von Aragon) die Herrschaft. Als diese 1558 stirbt, wird Heinrichs jüngere Tochter Elisabeth Königin. 1536 hatte Heinrich VIII. seine Töchter zu illegitimen Kindern erklären lassen, auch die Ehe mit Elisabeths Mutter, Anna Boleyn, wurde für nichtig erklärt. Später ließ das Parlament sie per Beschluss, der von Heinrich testamentarisch legitimiert wurde, wieder zur Thronfolge zu – die illegitime Geburt Elisabeths wurde jedoch formell nicht aufgehoben. Dieser dynastische Schatten schwebte während der gesamten 45-jährigen Regierungszeit über Elisabeth, mit deren Tod die Herrschaft des Hauses Tudor 1603 endete.

Maria Stuarts Großmutter Margaret Tudor war die ältere Schwester von Heinrich VIII. und wurde durch Heirat Königin von Schottland. Maria erbt diesen Titel im Alter von sechs Tagen, wird jedoch schon bald nach Frankreich gebracht, wo sie im katholischen Glauben erzogen und mit dem Dauphin, späteren König, Franz II. verheiratet wird. Durch den frühen Tod des Ehemannes verliert sie den Titel als französische Königin. Die Rückkehr in das protestantische Schottland wird ihr unter Auflagen gestattet: So verpflichtet sie sich etwa, den Protestantismus nicht zu bekämpfen, darf jedoch im privaten Rahmen ihren katholischen Glauben zelebrieren. 1565 heiratet sie ihren Cousin Lord Henry Darnley, ebenfalls Katholik, ebenfalls Enkel Margaret Tudors mit Thronansprüchen auf den englischen Thron.

Aus der Ehe entsteht ein Sohn, Jakob. Nachdem der chronisch untreue Ehemann 1567 im Garten seines Hauses, das in die Luft gesprengt wurde, tot aufgefunden wird und Marias Günstling James Hepburn, Earl von Bothwell, des Mordes verdächtigt wird, kommt es zu Unruhen. Als Maria nur kurze Zeit später Bothwell (möglicherweise unter Zwang) heiratet, wird sie festgesetzt, der Mitwisserschaft an der Ermordung Darnleys angeklagt und zur Abdankung zugunsten ihres Sohnes Jakob VI. (später auch König von England) gezwungen.

Maria flieht aus Schottland nach England. In einem Brief vom 17. Mai 1568 an Königin Elisabeth bittet Maria darum, dass sie ihr Zuflucht gewähre. Antonia Fraser schätzt in ihrer Biografie *Maria Stuart. Königin der Schotten* zwei Faktoren als ausschlaggebend dafür ein, dass England als Ziel der Flucht gewählt wurde, nämlich den »Sirenengesang von Elisabeths Freundschaft und die Fata Morgana der englischen Thronfolge«[3]. In nämlichem Brief bittet Maria auch um ein persönliches Zusammentreffen mit Elisabeth, das aber nie zustande kommt. Stattdessen wird Maria Stuart für 19 Jahre (1568–87) u.a. in Bolton Castle gefangen gesetzt. In dieser Zeit werden immer wieder Befreiungsversuche bzw. Umstürze zu ihren Gunsten und mit dem Ziel, den Katholizismus wieder einzuführen, unternommen. 1584 wurde in diesem Zusammenhang ein spezielles Gesetz erlassen, das auch denjenigen unter Strafe stellt, zu dessen Gunsten ein Anschlag auf die Königin verübt wird. Damit ist eine Rechtsgrundlage geschaffen, auf deren Basis Maria Stuart 1587 wegen Hochverrats hingerichtet wird.

1 Zu den »nachweisbaren historischen Darstellungen, die Schiller benutzt hat«, vgl. Norbert Oellers, *Schiller. Elend der Geschichte, Glanz der Kunst*, Stuttgart 2006, S. 227.

2 *Reclams neuer Schauspielführer*, hrsg. von Marion Siems, Stuttgart 2005, S. 203.

3 Antonia Fraser, *Maria Stuart, Königin der Schotten*, Herrsching 1989, S. 296.

Unterrichtsverlauf

Überblick. Die Schülerinnen und Schüler gewinnen Einblicke in den historischen Hintergrund des Stückes und erfahren, welche fiktionalen Freiheiten sich Friedrich Schiller bei der Umsetzung als Theaterstück genommen hat. Gegebenenfalls entwerfen sie eine eigene dokumentarische Filmproduktion zur Geschichte Maria Stuarts. ! **Verkürzter Verlauf: 2.1 – 2.2 – 2.3 – 2.4**

Phase	Thema	Sozialform	Kompetenzen/Lernziele	Materialien
Voraussetzungen: keine				
2.1	Einstieg: Trailer zu *Mary Queen of Scots* (2019), ansehen	EA	• Das Kolorit des elisabethanischen Zeitalters wahrnehmen und auf Hintergründe neugierig werden	
2.2	Erarbeitung 1: Historischen Kontext kennenlernen	LV	• Einem Vortrag zum historischen Kontext aufmerksam zuhören	VORLAGE 2a ➤ S. 13 VORLAGE 2b ➤ S. 14
2.3	Erarbeitung 2: Sich über Quellenkenntnis Friedrich Schillers informieren	LV	• Einem Vortrag zur Quellenlage Friedrich Schillers aufmerksam zuhören	VORLAGE 2b ➤ S. 14 VORLAGE 2c ➤ S. 15
2.4	Sicherung: Gehörte Fakten im Quiz wiederholen und einordnen	EA / UG	• Sich das Faktenwissen über ein Quiz bei Kahoot! vergegenwärtigen	VORLAGE 2d ➤ S. 16
2.5 fakultativ	Vertiefung: Ideen zu einem Historienfilm ausarbeiten	GA	• Ein Storyboard zu einem Historienfilm »Maria Stuart« ausarbeiten	

2.1 Einstieg: Trailer zu *Mary Queen of Scots* (2019) ansehen

EA

Internetzugang

Unterrichtsschritt. Die Schülerinnen und Schüler sehen sich den Trailer zu *Mary Queen of Scots* (2019, Regie Josie Rourke), einem historischen Filmdrama, an (https://youtu.be/3UwE24EAtU8?si=tuFtjDT3oT1RNveB, Stand: 15. 3. 2024). Sie nehmen das Kolorit des elisabethanischen Zeitalters wahr und suchen mögliche Antworten auf die Frage, die Maria Stuart im Angesicht des Schafottes stellt: »Wie konnte es so weit kommen?«

Erläuterungen. Mit *Mary Queen of Scots* stellt Josie Rourke ein opulent ausgestattetes Kostümdrama vor, das in vielen, aber nicht in allen Aspekten auf historischen Tatsachen beruht. Als Geschichtsstunde eignet sich der Film daher nicht, auch im Trailer wird ein wichtiger Moment gezeigt, der historisch falsch ist: Es ist ziemlich sicher, dass sich Maria Stuart und Elisabeth I. nie persönlich getroffen haben. Trotzdem eignet sich der Trailer gut, die Schülerinnen und Schüler neugierig auf den historischen Hintergrund von *Maria Stuart* zu machen: Zum einen geben die Kostüme und Frisuren, die Waffen und Burgen, die Einblicke in die Renaissancebauten und die Ausblicke auf die Landschaft ein farbiges Bild des elisabethanischen Zeitalters, das Lust macht, mehr zu erfahren, eine erfrischende Perspektive, die erst einmal die Erwartungshaltung zum Thema »Drama von Friedrich Schiller« nicht bedient. Außerdem beginnt der Filmausschnitt mit dem Ende von Maria, ihrer Hinrichtung, und stellt die Frage in dem Mittelpunkt: Wie konnte es so weit kommen? Diese Frage ist ein guter Ausgangspunkt für einen tieferen Einstieg in die Historie.

2.2 Erarbeitung 1: Historischen Kontext kennenlernen

Unterrichtsschritt. Die Schülerinnen und Schüler hören einem Lehrervortrag zur Frage »Wie konnte es so weit kommen?« Begleitend wird die VORLAGE 2a ***Der Stammbaum Elisabeths und Marias*** präsentiert. Unterstützend kann die Lehrkraft die Moderationskarten mit wesentlichen Fakten und Zahlen zu den Themenkreisen »englische Thronfolge«, »Maria Stuart« und »Elisabeth und Maria« zur Hand nehmen (VORLAGE 2b ***Moderationskarten***).

LV

VORLAGE 2a ➤ S. 13
VORLAGE 2b ➤ S. 14

Erläuterungen. Zentrale Aspekte der Vorgeschichte sind die verwandtschaftlichen Zusammenhänge zwischen den beiden Frauen und die, auch stark religiös motivierten, Verwicklungen um die englische Thronfolge nach Heinrich VIII. sowie die bewegte Lebensgeschichte von Maria Stuart bis zur Gefangennahme 1568. Anhand eines Stammbaums und von Bildern der Hauptfiguren (VORLAGE 2a) lässt sich die Geschichte (vgl. Sachanalyse) spannend – aber auch kurz und knackig! – vortragen. Zur vertieften Vorbereitung vgl. auch www.youtube.com/watch?v=G42Mia2Somw.

VORLAGE 2a

Der Stammbaum Elisabeths und Marias

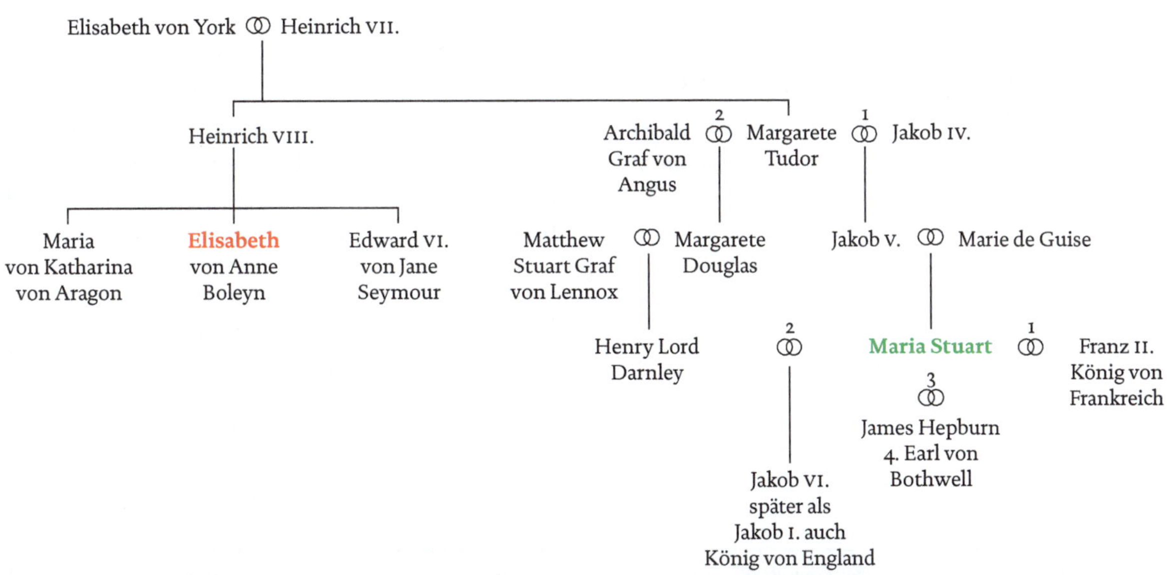

Heinrich VIII., König von England, um 1537

Elisabeth I., Königin von England, um 1600

Maria Stuart, um 1558

Bolton Castle, 2014
Foto: CC BY-SA 3.0 / Kreuzschnabel

VORLAGE 2b

Moderationskarten

Englische Thronfolge **1509–1547 Heinrich VIII. ist König von England** • 6 Frauen • Gründet Kirche von England wegen Ehescheidung • Will unbedingt einen Sohn (als Nachfolger)	Maria Stuart **Königin von Schottland** • Erbt Titel im Alter von 6 Tagen • Beansprucht ihn wieder, als sie 1560 aus Frankreich zurück nach Schottland kommt • Wird gezwungen, 1567 zugunsten ihres Sohnes Jakob abzudanken	Elisabeth und Maria **Konkurrentinnen um den englischen Thron** • 1558 Proklamation Marias als Königin von England durch den französischen König • Papst Pius V. fordert 1570, Elisabeth zugunsten von Maria Stuart zu beseitigen	Bei Schiller **Quellenkenntnis** • Ab April 1799 studiert Schiller mehrere Geschichtsbücher und Biografien von Elisabeth und Maria • Beginnt nach intensivem Quellenstudium im Juni 1799 zu schreiben
Englische Thronfolge **ThronnachfolgerInnen – Sohn und Töchter Heinrichs VIII.** • Eduard † 1553 • Maria † 1558 (katholisch) • Elisabeth † 1603	Maria Stuart **Königin von Frankreich** • Wächst – katholisch erzogen – in Frankreich auf • Heiratet den Dauphin und späteren König Franz II. und ist als seine Frau 1559–60 französische Königin	Elisabeth und Maria **»Schwestern«** • Freundlicher Briefwechsel der beiden • Es findet wohl *niemals* eine persönliche Begegnung statt	Bei Schiller **Freiheit über die Geschichte** • Maria und Elisabeth jünger (29/26 Jahre statt 45/54 Jahre) • Fügt ein persönliches Treffen Elisabeth & Maria hinzu • Keine Liebesbeziehung Leicester – Maria • Läuterung Marias (Mord an Darnley / keine Beteiligung am Attentat an Elisabeth) erfunden
Englische Thronfolge **Elisabeth I. – legitime Thronfolgerin?** • Ehe von Mutter Anna Boleyn mit Heinrich wird für nichtig erklärt • Elisabeth wird als illegitime Tochter für einige Jahre von der Thronfolge ausgeschlossen	Maria Stuart **Gefangene in England** • Muss wegen Ehe mit Lord Bothwell (Mörder von ihrem 2. Mann Lord Darnley) 1567 fliehen • Von 1568 bis 1587 in englischer Gefangenschaft • Wird wegen Hochverrats 1587 hingerichtet.	Elisabeth und Maria **Elisabeth als Richterin Marias** • 1587 wird Maria nach dem *Act for the Queen's safety* zum Tod verurteilt • Elisabeth zögert mit der Unterschrift, bis angeblich ein weiterer Anschlag auf ihr Leben aufgedeckt wird • Am 8. 2. 1587 wird Maria enthauptet	Bei Schiller **Historische Fakten** • Hauptakteure historisch belegbar • Ringen um den engl. Thron entspricht den Fakten • Religiöser Hintergrund wird tendenziös, aber im Kern korrekt wiedergegeben

2.3 Erarbeitung 2: Sich über Quellenkenntnis Friedrich Schillers informieren

Unterrichtsschritt. Die Lehrkraft stellt mit dem Wechsel zu VORLAGE 2c ***Die Figuren in Schillers Drama*** sicher, dass im Vortrag eine klare Zäsur stattfindet im Übergang zu den Fragen:

- Was wusste Friedrich Schiller von den dargestellten Fakten, als er das Drama schrieb?
- Welche Inhalte des Dramas sind historisch korrekt?
- Wo hat Schiller bewusst mit Fiktionen gearbeitet?

LV

VORLAGE 2b ➤ S. 14
VORLAGE 2c ➤ S. 15

Erläuterungen. Von unserer Warte aus gehört auch der Recherche- und Schreibprozess Schillers zu den »historischen Fakten«. Der Fokus wird hier ausschließlich auf die Unterscheidung von belegbar authentischen Fakten und fiktionalen Einzelheiten im Drama gelegt. Die Funktionalisierung der Fiktionen, die Schiller ja bewusst einsetzt, um bestimmte Wirkungen zu erzielen, wird erst in der Nachbereitung des Theaterbesuchs thematisiert.

VORLAGE 2c

Die Figuren in Schillers Drama

Maria Stuart, um 1558

1542–67 Königin von Schottland,

1559–60 Königin von Frankreich,
1568–87 in englischer Gefangenschaft

Robert Dudley, 1. Earl of Leicester, nach 1609

Elisabeth ist verliebt in ihn. Sie schlägt ihn als Ehemann für Maria Stuart vor (er will aber nicht).

George Talbot, 6. Earl of Shrewsbury

Ab 1569 war er Wächter Maria Stuarts während 14 Jahren ihrer Gefangenschaft.

William Cecil, Baron Burghley, Lord High Treasurer, nach 1585

Staatssekretär von Elisabeth I. 1558–98. War gegen Maria Stuart eingestellt.

Elisabeth I., um 1600

Englische Königin 1558–1603

Personen: Elisabeth, Königin von England – Maria Stuart, Königin von Schottland, Gefangene in England – Robert Dudley, Graf von Leicester – Georg Talbot, Graf von Shrewsbury – Wilhelm Cecil, Baron von Burleigh, Großschatzmeister – Wilhelm Davison, Staatssekretär – Amias Paulet, Ritter, Hüter der Maria – Mortimer, sein Neffe – Graf Aubespine, französischer Gesandter – Melvil, Haushofmeister der Maria – Hanna Kennedy, ihre Amme – u. a.

Fiktive Charaktere: Wilhelm Davison; Mortimer, der Neffe von Paulet; Graf Aubespine; Melvil; Hanna Kennedy

Sir Amias Paulet, 1576/78

1585 von Elisabeth zum Kerkermeister Maria Stuarts ernannt; weigert sich, Maria zu ermorden.

VORLAGE 2d

Quizfragen

1. **Wer war Heinrich VIII.?**
   a. Der Großvater von Maria und Elisabeth | b. Der König von Großbritannien | *c. Der Gründer der anglikanischen Kirche* | d. Der Geliebte von Maria Stuart
2. **Wie sind Maria Stuart und Elisabeth I. verwandt?**
   a. Die Oma von Maria ist die Tante von Elisabeth | b. Maria ist die Nichte von Elisabeth | c. Sie sind illegitime Schwestern | d. Der Großonkel von Maria hat Elisabeths Schwester geheiratet
3. **Warum wird Elisabeth als legitime Thronfolgerin in England in Frage gestellt?**
   a. Weil sie eine Frau ist | *b. Weil die Ehe ihrer Mutter mit dem König für illegitim erklärt wurde* | c. Weil sie keine Katholikin ist | d. Weil sie eigentlich mit dem König von Spanien verheiratet ist
4. **Wer war dafür, dass Maria Stuart Königin von England wird?**
   a. Das englische Parlament | b. Die schottischen Adeligen | c. Heinrich VIII. | *d. Papst Pius V.*
5. **Was hat Maria Stuart mit Frankreich zu tun?**
   a. Sie ist dort aufgewachsen | b. Ihr Vater war Franzose | c. Sie ist nach Frankreich geflohen | d. Sie hatte einen geheimen französischen Liebhaber
6. **Warum musste Maria Stuart aus Schottland fliehen?**
   a. Weil sie Katholikin war | b. Weil sie öffentlich zum Attentat auf den König aufgerufen hatte | *c. Weil sie den mutmaßlichen Mörder ihres Mannes geheiratet hatte* | d. Weil sie keinen Thronfolger gebären konnte
7. **Wie lange war Maria Stuart in englischer Gefangenschaft?**
   a. Fast 5 Jahre | b. Fast 10 Jahre | c. Fast 15 Jahre | *d. Fast 20 Jahre*
8. **Warum ließ Elisabeth Maria Stuart hinrichten?**
   a. Weil sie Lord Leicester verführt hat | b. Weil sie fliehen wollte | *c. Weil sie von einem Umsturzversuch wusste* | d. Weil sie von den Franzosen gerettet werden sollte
9. **Was passierte mit Marias Sohn Jakob?**
   a. Er wurde als Kind ermordet | *b. Er wurde englischer König* | c. Er war der Vater des Befreiungskämpfers William Wallace | d. Er heiratete die spanische Infantin
10. **Wann haben sich Maria Stuart und Elisabeth I. persönlich getroffen?**
    a. Nie | b. Als Maria zur französischen Königin gekrönt wurde | c. Als Maria nach England floh | d. Kurz vor Marias Hinrichtung
11. **Woher wusste Friedrich Schiller so viel über Maria Stuart?**
    a. Er war weitläufig mit dem Haus Stuart verwandt | b. Goethe erzählte ihm davon | *c. Er las es in Büchern nach* | d. Er hat Geschichte in Frankfurt studiert
12. **Welche Person im Drama gab es nicht in Wirklichkeit?**
    a. Wilhelm Cecil, Baron von Burleigh | b. Georg Talbot, Graf von Shrewsbury | c. Robert Dudley, Graf von Leicester | *d. Mortimer, der Neffe von Marias Aufseher Paulet*
13. **Welche Einzelheit hat Friedrich Schiller verändert?**
    a. Maria und Elisabeth werden jünger dargestellt | b. Maria hat Bedienstete in ihrem Gefängnis | c. Burleigh wird als Treiber zu Marias Ermordung dargestellt | d. Elisabeth zögert, das Todesurteil für Maria zu unterschreiben
14. **Welches Geständnis von Maria Stuart hat Friedrich Schiller erfunden?**
    a. Dass sie schon lange eine Verschwörung gegen Elisabeth anzettelt | *b. Dass sie am Tod ihres zweiten Mannes, Lord Darnley, mitschuldig ist* | c. Dass sie mit dem Papst korrespondiert, um den Katholizismus wieder einzuführen | d. Dass sie auf der Flucht aus Schottland ihre Wärter getötet hat
15. **Und welche schlimme Tat hat Maria Stuart – im Gegensatz zur Darstellung im Drama – vermutlich vollbracht?**
    a. Sie hat abgetrieben | b. Sie hat ihren 3. Mann, Lord Bothwell, umbringen lassen | c. Sie hat Maria, die Schwester Elisabeths, umbringen lassen | *d. Sie war am Attentat gegen Elisabeth beteiligt*

VORLAGE 2c veranschaulicht die Auseinandersetzung mit den historisch belegbaren Figuren im Drama; als Stütze im Vortrag können die Moderationskarten »Bei Schiller« (VORLAGE 2b) herangezogen werden.

2.4 Sicherung: Gehörte Fakten im Quiz wiederholen und einordnen

Unterrichtsschritt. Die Klasse löst ein Quiz zum Lehrervortrag auf der Internetplattform »Kahoot!«. Mögliche Fragen dafür können der VORLAGE 2d ***Quizfragen*** entnommen werden.

EA / UG

VORLAGE 2d ➤ S. 16 Internetzugang

Alternative. Gegebenenfalls kann das Quiz auch in herkömmlicher Weise im Frage-Antwort-Modus anhand der VORLAGE 2d gespielt werden.

Erläuterungen. Mit »Kahoot!« lassen sich unkompliziert digitale Quizspiele (und Umfragen) erstellen, an denen die Schülerinnen und Schüler individuell oder in Gruppen mit ihren Handys oder internetfähigen Tablets teilnehmen können. Die Lehrkraft formuliert ein Quiz am eigenen PC und präsentiert es über Beamer oder Whiteboard. Das Quiz besteht in der Grundeinstellung aus einer Folge von je einer Frage mit vier Antwortmöglichkeiten. Die Lernenden loggen sich ein und klicken jeweils Antworten an, die gespeichert und ausgewertet werden. Am Schluss werden die Gewinner in einer Rankingliste (der besten) gezeigt. Datenschutzrechtlich ist die Plattform für die Spieler unbedenklich, da diese sich nur per Nickname eintragen.

Vorbereitung des Quiz: Zur Registrierung öffnet man die Seite www.getkahoot.com und klickt auf den Button »Sign Up« (oben rechts), dann folgen Angaben der Nutzungsform (»as a teacher« bzw. »Lehrkraft«), eines Benutzernamens und der Schulform, dann folgt ein Klick auf »Join Kahoot!«. Jetzt gibt es (etwas versteckt, unten auf der Seite) neben anderen auch die Möglichkeit, sich in die Gratisversion einzuloggen (»Continue with Basic«). Die gewählte Spielform ist »Quiz« und über den Button »Ok, go« kommt man dann zum »Game Creator« und kann über »Add question« bzw. »Frage hinzufügen« beliebig viele Fragen mit zugehörigen Antwortmöglichkeiten erstellen. Gespeichert wird das erstellte Quiz über den Button »Save« bzw. »Speichern« (oben rechts), eine Vorschau ist möglich.

In der Schule kommt man über »Play it« in den Spielmodus, ein Einwahlcode wird angezeigt. Die Schülerinnen und Schüler gehen mit ihren Endgeräten auf www.kahoot.it und geben den angezeigten Code und einen (erfundenen / mit der Lehrkraft vereinbarten) Spielernamen ein. Die Lehrkraft startet das Spiel über »Start«. Nach Ablauf des Zeitlimits wird die korrekte Antwort am Whiteboard angezeigt.

Mögliche Quizfragen bietet VORLAGE 2d, die richtigen Antworten sind kursiviert.

2.5 Vertiefung: Ideen zu einem Historienfilm ausarbeiten (fakultativ)

Unterrichtsschritt. Die Schülerinnen und Schüler arbeiten ein historisch korrektes Storyboard zu einer selbstgewählten Szene für einen Historienfilm »Maria Stuart« aus. Genutzt werden kann dafür z. B. das Material der baden-württembergischen Lehrerfortbildung: www.lehrerfortbildung-bw.de/st_digital/medienwerkstatt/multimedia/video-im-unterricht/baum/jobs/story (Stand: 7. 2. 2024).

GA

Alternative. Der Unterrichtsschritt kann auch als Hausaufgabe aufgegeben werden.

3 Die Vorstellung beginnt: die Aufführung des Theaterstücks *Maria Stuart* als Theaterstück aufmerksam beobachten

Sachanalyse

Friedrich Schiller beginnt im April 1799 mit dem gezielten Quellenstudium zu Maria Stuarts Geschichte. Noch während der Stoffsammlung entwickelt er auch schon erste Ideen zu einer möglichen dramatischen Gestaltung. Im Mai 1800 wickelt er dann die letzte Arbeitsphase ab. Am 14. Juni 1800 kommt *Maria Stuart* im Weimarer Hoftheater erstmals auf die Bühne. Schiller selbst kommentiert die Uraufführung: »Die vorige Woche kam ich zurück und dirigirte die Proben auf dem Theater; vorgestern ist sie gespielt worden, und mit einem Succeß, wie ich ihn nur wünschen konnte. Ich fange endlich an, mich des dramatischen Organs zu bemächtigen und mein Handwerk zu verstehen.«[1] Ein Jahr später erscheint das Stück auch als Buch, wobei die dramatische Fassung, die gezielt die Aufführung und Bühnenpräsenz in den Mittelpunkt stellt, für Schiller zentral war. Dies zeigt sich unter anderem darin, dass er in Fragmenten zum Personenverzeichnis seiner Dramen Besetzungslisten entwirft: »Die Namen bezeichnen Berliner und Weimarer Schauspieler und zeigen, wie Schiller schon im Beginn der Arbeit zu einem neuen Drama die Darstellung auf der Bühne erwog.«[2] Dass die konkrete Realisation auf den Brettern der Bühne immer dem menschlichen Faktor unterworfen ist, erweist sich schon bei der Uraufführung, wie der Schauspieler Eduard Genast berichtet: »Die Jagemann [Darstellerin der Elisabeth] hatte an die Szene mit Leicester, am Schluß des zweiten Akts, nicht gedacht; rechtzeitig bemerkte ich, daß sie nicht an ihrem Platze stand; schnell eilte ich nach ihrer Garderobe und rief ihr durch die Tür zu, daß die Szene mit Mortimer gleich zu Ende sein würde. Von innen erscholl der Schreckensruf: ›Mein Gott! ich habe an die Szene nicht gedacht und bin im Umkleiden begriffen, aber ich komme gleich!‹« Die Schauspieler Vohs (Darsteller des Mortimer) und Cordemann (Darsteller des Leicester) auf der Bühne improvisieren frei, bis sie auftritt. Genast fährt fort: »Als ich Schiller bei unserer Heimkehr dieses Intermezzo mitteilte, amüsierte er sich köstlich darüber und sagte: ›Ja, ja, der Vohs ischt ä ganzer Kerle, aber dem Cordemann hätt' ich's net zugetraut.‹«[3] In den zeitgenössischen Theaterrezensionen sind es neben viel Lob, besonders zur Sprache des Stücks, vor allem drei Aspekte, die kritisch gesehen werden: »Kontrovers wurden die Rolle des Mortimers, die Abendmahl- oder genauer die Beicht- und Kommunion-Szene im fünften Aufzug und die historisch nicht belegte Begegnung der beiden Königinnen diskutiert. [...] Eine besonders heftige Gegnerschaft fand das Drama in katholischen Gegenden.«[4] Aus heutiger Sicht, besonders aus Sicht der Schülerinnen und Schüler, ist das nur schwer vorstellbar. Dass man das Liebesbekenntnis des Mortimer in III,6 als beinahe obszön empfand, scheint Jugendlichen, denen medial geprägt Liebe in allen Facetten überdeutlich begegnet, eigentlich nur merkwürdig. Der religiöse Hintergrund, der die Darstellung des Empfangens der heiligen Kommunion als Skandal wahrnimmt, ist selbst bei strenggläubigen Katholiken in dieser Form nicht mehr gegeben. Und der freie, dramatisierende Umgang mit biografischen Fakten ist aus sogenannten »Biopics« (Filmbiografien) hinlänglich bekannt. Nichtsdestotrotz gelingt es auch modernen Theaterregisseuren zu zeigen, »wie beklemmend aktuell der Stoff bis heute ist«, so zur Inszenierung des Stücks 2022 am Düsseldorfer Schauspielhaus.[5] Auch bei den Salzburger Festspielen 2021 jubelt die Kritik: »sensibel die Analyse, massiv die Bilder, wummernd der Sound, testosterongetränkt die Ästhetik.«[6] Im Zentrum steht heute das »Netz der männlichen Macht«[7] – ein Thema, das an Aktualität nichts eingebüßt hat.

1 S. www.friedrich-schiller-archiv.de/briefe-schillers/briefwechsel-mit-gottfried-koerner/schiller-an-gottfried-koerner-16-juni-1800 (Stand: 8.2.2024).

2 *Aus Schillers Werkstatt*, hrsg. von Georg Witkowski, Leipzig 1910, S. 224.

3 Eduard Genast, *Aus Weimars klassischer und nachklassischer Zeit. Erinnerungen eines alten Schauspielers*, Stuttgart [5]1919, S. 69.

4 Theodor Pelster, *Lektüreschlüssel XL. Friedrich Schiller: Maria Stuart*, Stuttgart 2017, S. 106.

5 rp-online.de/kultur/duesseldorfer-schauspielhaus-bringt-mit-maria-stuart-grosses-theater_aid-65555789 (Stand: 8.2.2024).

6 www.br.de/nachrichten/kultur/salzburger-festspiele-maria-stuart-von-martin-kusej-rezension,SgA6N4B (Verweildauer abgelaufen, nicht mehr online).

7 Ebd.

Unterrichtsverlauf

Überblick. Die Schülerinnen und Schüler rezipieren *Maria Stuart* als Theaterstück, wahlweise live im Theater oder als gefilmte Inszenierung auf DVD. Sie bereiten sich dazu auf die Rezeptionserfahrung vor und reflektieren diese im Nachgang alleine und in der Klasse. ! **Verkürzter Verlauf: 3.2 – 3.3 – 3.4 – 3.5**

Phase	Thema	Sozialform	Kompetenzen/Lernziele	Materialien
Voraussetzungen: keine				
3.1 **fakultativ**	Formale Vorbereitung auf den Theaterbesuch	UG	• Sich mit der Etikette eines Theaterbesuchs befassen	VORLAGE 1 ➤ S. 7
3.2	Inhaltliche Vorbereitung auf die Aufführung	PA / UG	• Sich mit Beobachtungsanregungen für das Stück aktiv auseinandersetzen	VORLAGE 3 ➤ S. 20 TAFELBILD 3 ➤ S. 21
3.3	Stückrezeption: Theaterbesuch oder DVD		• Die Theateraufführung rezipieren	
3.4	Nachbereitung: Persönliche Reflexion	EA / UG	• Sich die Inszenierung anhand eines Gedächtnisprotokolls vergegenwärtigen	TAFELBILD 3 ➤ S. 21
3.5	Vertiefung: Gemeinsame Reflexion	UG	• Sich über ihre Rezeptionserfahrungen austauschen	
HA	Lektüre des Dramas	EA		*Maria Stuart*, Reclam XL, S. 5–145

Vorbemerkung. Im Mittelpunkt der Stunde steht die Rezeption des Dramas mittels Theaterbesuch oder DVD. Zu den organisatorischen Möglichkeiten siehe die Erläuterungen in Unterrichtsschritt 3.3. Anschließend daran erfolgt die Textlektüre.

3.1 Formale Vorbereitung auf den Theaterbesuch (fakultativ)

Unterrichtsschritt. Ausgehend von einem Theaterplakat oder einem Flyer der Inszenierung, die man besuchen möchte, bringen die Schülerinnen und Schüler ihr Vorwissen und ihre Vorerfahrungen zu der konkreten Veranstaltung und Location zur Sprache. Hierbei werden die zentralen Rahmenbedingungen des Theaterbesuchs erklärt. Falls eine digitale Präsentation geplant ist, können hier auch noch einmal die Theaterplakate der VORLAGE 1 gezeigt werden.

UG

VORLAGE 1 ➤ S. 7

Erläuterungen. Es ist anzunehmen, dass Schülerinnen und Schüler der Oberstufe schon über einige Theatererfahrung verfügen, wobei das individuell sehr unterschiedlich sein wird. Ebenso werden wohl die konkreten Örtlichkeiten der Inszenierung, sei es die Schulbühne, ein Stadttheater oder eine der großen Bühnen in Deutschland, in einem räumlichen Verhältnis zur Schule stehen, das erwarten lässt, dass auch hier schon Lernende (privat) vor Ort waren. Es ist sinnvoll, auf deren Erfahrungen zurückzugreifen und, zum Teil auch scheinbar banale Aspekte, die geübten Theaterbesuchern selbstverständlich sind, zur Sprache zu bringen, so dass diejenigen in der Gruppe, die kaum bis keine Vorerfahrungen haben, sich nicht unsicher oder unwohl fühlen.

Folgendes könnte man in den Blick nehmen:

- Wie bin ich richtig gekleidet?
- Wie verhalte ich mich an der Garderobe, im Foyer, in einer Pause, so es eine gibt?
- Wie verhalte ich mich während der Vorstellung? (Ich darf: lachen und weinen, auf die Toilette gehen, wenn es

VORLAGE 3

Inszenierungen von Schillers *Maria Stuart*

Deutsches Theater Berlin (2020)
Foto: Marcus Lieberenz, Berlin

Burgtheater Wien (2022)
Foto: Matthias Horn, Berlin

Thalia Theater Hamburg (2007)
Foto: Arno Declair, Berlin

gar nicht anders geht; ich darf nicht: zu spät kommen, rauchen, fotografieren, telefonieren, essen, kommentieren, aufstehen.)
- Wie applaudiere ich richtig (höfliches Klatschen, Ausdruck von Begeisterung, Szenenapplaus)?

3.2 Inhaltliche Vorbereitung auf die Aufführung

Unterrichtsschritt. Anhand von VORLAGE 3 ***Inszenierungen von Schillers »Maria Stuart«*** (Deutsches Theater Berlin 2020; Burgtheater Wien 2022; Thalia Theater Hamburg 2007) entwickeln die Lernenden Ideen, auf welche Aspekte man bei der Inszenierung, über die reine Handlung hinaus, achten kann. Sie sammeln diese in Partnerarbeit, tragen sie im Unterrichtsgespräch zusammen und halten sie im TAFELBILD 3 überblicksartig fest.

PA / UG

VORLAGE 3 ➤ S. 20

TAFELBILD 3 ➤ S. 21

Erläuterungen. Im Mittelpunkt der Stückrezeption soll ein möglichst unverbildeter Eindruck der Schülerinnen und Schüler stehen: Es soll auf keinen Fall ein Fragenkatalog mit auf den Weg gegeben werden, der der Neugier und dem Vergnügen beim Zusehen von vorneherein entgegensteht. Auf der anderen Seite braucht es eine gewisse Vorbildung, um theatrale Zeichen zu lesen und deuten zu können: jede Requisite, jede Geste, das Bühnenbild ebenso wie die Lichtführung und Toneffekte haben Symbolwert. Der geschulte Blick erweitert die Rezeptionserfahrung und vertieft den Genuss. Daher werden an diesen Stellen Hinweise auf das theatrale Zeichensystem gesammelt, die möglicherweise Anregungen für ein vertieftes Zusehen geben.

TAFELBILD 3

Maria Stuart **von Friedrich Schiller**
Mögliche Aspekte für die Beobachtung

Material	Personenspiel
• Kostüme und deren Einfluss auf die Wahrnehmung der Figur • Einsatz von Requisiten • Objekte des Bühnenbilds und deren Funktion	• Mimik, Gestik, Bewegungen der einzelnen Figuren • Stimmführung und Sprechweise der Figur • Bühnenpräsenz und Standorte • Körpersprache der Figuren in ihren Beziehungen zueinander
<u>Bühnenraum</u> • Aufführungsort • Gestaltung des Bühnenbilds • Ausnutzung des Theaterraums • Bühnenformen • Gestaltung des Szenenwechsels	<u>Technik</u> • Beleuchtung und Wirkung des Lichts • Lichteffekte • Geräusche, Töne, Klänge • Musik und dadurch erzeugte Atmosphäre

3.3 Stückrezeption: Theaterbesuch oder DVD

Unterrichtsschritt. Die Lerngruppe sieht sich das Stück entweder im Theater oder als Aufzeichnung (ggf. in Ausschnitten) an.

Theaterbesuch
DVD

Erläuterungen. Wie in den Sachanalysen dargestellt, steht von Anfang an die konkrete Realisierung des Stücks auf der Bühne im Vordergrund. In der praktischen Umsetzung sind dazu verschiedene Möglichkeiten denkbar:

1. Es besteht die Möglichkeit, mit den Schülerinnen und Schülern ins Theater zu gehen und das Stück dort zu sehen. Das wäre mit Sicherheit die glücklichste Lösung und verlangt dann eine Vorbereitung des Theaterbesuchs, ermöglicht im Idealfall Gespräche über das Theatererlebnis im Foyer, und die Inszenierung sollte schließlich noch nachbereitet werden. Möglicherweise bietet die Bühne auch Angebote für Schulen, wie eine Einführung, Gespräche mit Regisseurin bzw. Regisseur und den Schauspielenden usw., die genutzt werden können.

2. Alternativ kann man eine Theaterinszenierung digital präsentieren. In der Regel sind Theatereditionen von *Maria Stuart* in Lehrermediatheken erhältlich. Als ein möglicher Vorschlag wird im Folgenden die Aufzeichnung einer Aufführung des Thalia Theaters Hamburg unter der Regie von Stephan Kimmig, Premiere 24. Februar 2007, vorgeschlagen. Auch hier sind wieder zwei Vorgehensweisen möglich:
   a. Die Gesamtlänge der Aufführung ist 1:50 Stunde. Es müssen dafür also mehrere Unterrichtsstunden verwendet werden, wobei vor der Vorstellung etwas Zeit auf die Beobachtungsaufträge eingeplant werden sollte und diese im Anschluss an die Aufführung reflektiert werden sollten.
   b. Das Stück wird als vorbereitende Hausaufgabe gelesen. Der Mitschnitt der Theateraufführung wird in eine Doppelstunde eingebettet und umfasst nur den 1. Aufzug und die schicksalhafte Begegnung der Königinnen im 3. Aufzug. In dem ausgewählten Beispiel wären das das 1.–8. Kapitel (25 Minuten) und das 19. und 20. Kapitel (7 Minuten), so dass hinreichend Zeit für die Vor- und Nachbesprechung bleibt.

3.4 Nachbereitung: Persönliche Reflexion

EA / UG

TAFELBILD 3
➤ S. 21

Unterrichtsschritt. Die Schülerinnen und Schüler vergegenwärtigen sich die Inszenierung mittels eines individuellen Gedächtnisprotokolls. Die vor der Aufführung gesammelten Beobachtungsaspekte (TAFELBILD 3) sollten dabei erneut sichtbar gemacht werden und nach individuellem Gutdünken in den Text mit einbezogen werden.

Erläuterungen. Für das Gedächtnisprotokoll sollen die Lernenden angeregt werden, wertfrei das Gesehene zu beschreiben. Subjektive Eindrücke sollen als »Ich-Botschaften« formuliert werden.

3.5 Vertiefung: Gemeinsame Reflexion

UG

Unterrichtsschritt. Die Lernenden lesen ihre Gedächtnisprotokolle vor und kommen darüber ins Gespräch. Im Unterrichtsgespräch wird der Versuch unternommen, Fragen an die Inszenierung in der Gruppe zu beantworten.

Erläuterungen. In dieser sensiblen Phase des Unterrichts ist ein gegenseitiger wertschätzender Umgang unerlässlich. Man sollte auf jeden Fall Inszenierungsideen herausstellen, die einzelne Schülerinnen und Schüler zum Nachdenken, Weiterdenken oder vertieften Wahrnehmen herausgefordert haben. Kritik an der Inszenierung darf auf jeden Fall geäußert werden, auch Unverständnis. Möglicherweise gelingt es an dieser Stelle konstruktiv weiterzudenken (warum hat die Regisseurin oder der Regisseur die Szene wohl so arrangiert; welchen Aspekt hättest du in den Vordergrund gestellt – und wie …?). Im Idealfall wird klar, dass für eigene Ideen noch tiefere Einblicke in das Stück nötig sind, die in den folgenden Unterrichtsstunden herausgearbeitet werden sollen.

EA

Hausaufgabe

Lektüre des Dramas (*Maria Stuart*, Reclam XL, S. 5–145).

4 Ein Treffen im Foyer: die beteiligten Figuren Die handelnden Personen einschätzen können

Sachanalyse

Ganz bewusst wird in dieser Unterrichtsstunde der historische Aspekt zeitlich getrennt vom textimmanenten Blick auf die handelnden Personen verortet: Wiewohl die historisch verbürgten Persönlichkeiten sicher Inspirationsquellen waren, stehen doch die Figuren des Dramas, so wie sie im vorgegebenen Text angelegt sind, im Mittelpunkt einer Dramenanalyse. Für diese Analyse ist es zudem sinnvoll, streng selektiv vorzugehen und den Blick weg vom gesamten Bühnenpersonal (insgesamt 19 Personen, plus »Herren«, »Trabanten«, »Diener«) auf wenige Schlüsselfiguren zu lenken. Gemeinhin werden die Figuren dazu nach Zugehörigkeit zu Elisabeth oder Maria gegliedert – dieser Struktur soll auch hier gefolgt werden.

Maria sind »offiziell« drei Figuren zugeordnet, die erst im 5. Akt als »Begleitpersonal« der Ausführung rund um die Hinrichtung, auftauchen, Melvil, Burgoyn und Margareta Kurl. Ansonsten steht ihr noch ihre Amme Hanna Kennedy zur Seite, die als einzige weitere feminine Figur mit nennenswertem Sprechanteil neben den beiden Königinnen die Sphäre der Weiblichkeit spürbar auf die Seite Marias verschiebt, an der sie auch in unverbrüchlicher Treue verbleibt.

Elisabeth dagegen ist umgeben von gewichtigen Männerpersönlichkeiten. An erster Stelle sind hier Wilhelm Cecil, Baron von Burleigh und Georg Talbot, Graf von Shrewsbury zu nennen. Diese beiden hochrangigen Mitglieder des Hofrates verkörpern »zwei diametral entgegengesetzte Varianten des politisch-ethischen Diskurses«[1], der sich an der Frage konkretisiert, ob Elisabeth Maria begnadigen soll oder nicht. Für Burleigh steht dabei die Staatsräson an erster Stelle, Maria ist aus seiner Sicht eine innen- und außenpolitische Bedrohung, die eliminiert werden muss. Als Figur bleibt er »relativ abstrakt, […] seine gänzliche Unempfindlichkeit für die erotische Anziehungskraft Marias kennzeichnet indirekt seine menschliche Deformation.«[2] Seine Handlungen sind pragmatisch durchdacht, seine Leitlinien Pflichterfüllung und Vaterlandsliebe; im Zweifelsfall stellt er das Staatsinteresse über Recht und Gerechtigkeit. Konsequent verfolgt er seinen Ansatz bis zum Ende (der Hinrichtung Marias). Dies wird ihm von seiner Königin aber nicht gedankt, die ihn für sein Handeln abstraft, um sich von der Schuld des Tötungsaktes zu befreien. Burleigh gegenüber steht Shrewsbury, der sich durchaus als von der Weiblichkeit Marias sinnlich ansprechbar und damit menschlich zeigt. »Gerade deswegen kann er die Idee der Sittlichkeit als politische Leitidee vertreten«[3] und für eine der Gnade zugewandte, gewissensautonome Entscheidung Elisabeths plädieren.

Zwischen den beiden Königinnen stehen die Figuren Robert Dudley, Graf von Leicester, und Mortimer, der Neffe des Wächters Marias. Beide stehen in einem amourösen Verhältnis zu Maria, beide führen ein Doppelspiel. Während Amias Paulet, der äußerst korrekte Aufseher Marias, unbestechlich und tugendhaft seiner Pflicht nachgeht, stellt sein Neffe Mortimer »politisches Engagement [in den] Dienst des ästhetisch-erotischen Eigeninteresse[s]«[4] an Maria. Letztlich als Staatsverräter entlarvt, begeht er Selbstmord. Leipert sieht darin eine Vorform der Erhabenheit gegenüber der reinen Selbstbezogenheit, die den Handlungen Leicesters zugrunde liegt. Leicester repräsentiert den Typ des Höflings, was sich gut in die »prononcierte Hofkritik«[5] einfügt, die Schiller in das Stück einwebt. Er verfolgt radikal den eigenen Aufstieg bei Hofe und opfert eiskalt Mortimer, um seine eigene Haut zu retten. So verzichtet er »um der Macht willen auf eine humane Existenz«[6], scheitert aber, ebenso wie Mortimer, auf der ganzen Linie: Schlussendlich wird er zum Vollstrecker von Marias Todesurteil, wird radikal mit seinen Taten konfrontiert (*Maria Stuart*, Reclam XL, S. 137 f.).

1 Reinhart Leipert, *Friedrich Schiller. Maria Stuart*, München ²2000, S. 75.
2 Ebd.
3 Ebd.
4 Gert Sautermeister, »*Maria Stuart*«, in: *Interpretationen. Schillers Dramen*, hrsg. von Walter Hinderer, Stuttgart 1992, S. 306.
5 Barbara Neymeyr, »Macht, Recht und Schuld. *Maria Stuart*«, in: *Schiller. Werkinterpretationen*, hrsg. von Günter Sasse, Heidelberg 2005, S. 112.
6 Leipert (s. Anm. 1), S. 79.

Unterrichtsverlauf

Überblick. Die Schülerinnen und Schüler rufen sich im Unterrichtsgespräch die zentralen handelnden Personen vor Augen. Sie untersuchen die Beziehungen der prominenten Nebenfiguren zu Maria Stuart und Elisabeth mittels Standbilder, charakterisieren diese jeweils mit einem Schlüsselsatz und erkennen das Beziehungsgeflecht im Kontext der beiden Königinnen.

Phase	Thema	Sozialform	Kompetenzen/Lernziele	Materialien
Voraussetzungen: Kenntnis des gesamten Dramas				
4.1	Einstieg 1: Lektüreerfahrungen reflektieren	EA / GA / UG	• Im literarischen Schreibgespräch subjektive Texteindrücke wahrnehmen	
4.2	Einstieg 2: Überblick über die zentralen Figuren des Stückes gewinnen	UG	• Entscheiden, welche Figuren im Stück zentrale Rollen einnehmen	VORLAGE 4a ➤ S. 25
4.3	Erarbeitung 1: Zentrale Sätze der wichtigsten Nebenfiguren im Text finden	PA / UG	• Dem Text je einen »Schlüsselsatz« für jede dieser Personen entnehmen	ARBEITSBLATT 4 ➤ S. 28
4.4	Erarbeitung 2: Standbild zu den Figuren in ihrem Verhältnis zu Maria und Elisabeth erstellen	GA	• Einen Überblick über die Beziehungen der Figuren zu den Protagonistinnen gewinnen; Körperhaltungen erspüren und Schlüsselsätze formulieren	VORLAGE 4b ➤ S. 26
4.5	Vertiefung: Die Figuren charakterisieren	GA	• Körperhaltung und Schlüsselsatz in Verbindung bringen	ARBEITSBLATT 4 ➤ S. 28
4.6	Sicherung: Standbilder auswerten	EA / UG	• Sich zu den Standbildern als Interpretationsansätze austauschen	

4.1 Einstieg 1: Lektüreerfahrungen reflektieren

EA / GA / UG

Unterrichtsschritt. Im literarischen Schreibgespräch notieren die Lernenden (gegebenenfalls in Gruppen) ihren subjektiven Eindruck. Dazu liegen große Plakate bereit, auf die jedes Mitglied der Lerngruppe schweigend sein Statement formuliert. Andere (Gruppen-)Mitglieder können schreibend direkt darauf reagieren. Im Anschluss werden die notierten Eindrücke kurz besprochen.

4.2 Einstieg 2: Überblick über die zentralen Figuren des Stückes gewinnen

UG

VORLAGE 4a ➤ S. 25

Unterrichtsschritt. Im Unterrichtsgespräch klären die Lernenden, welche Figuren im Spannungsverhältnis zwischen Elisabeth und Maria eine wichtige Rolle einnehmen. Schrittweise wird dabei ein Tafelbild nach VORLAGE 4a erstellt. (Wird das Tafelbild digital erstellt, können die grafischen Elemente der VORLAGE 4a verwendet werden.)

Erläuterungen. Die Lehrkraft beginnt mit der Tafelanschrift: »*Maria Stuart* von Friedrich Schiller // Zentrale Figuren« und sammelt Gesprächsbeiträge der Schülerinnen und Schüler. Sie notiert zunächst alle genannten Figuren auf einer Tafelseite. Dann ergänzt sie die Tafelanschrift um »in ihrer Beziehung zu Maria und Elisabeth« und verbildlicht die beiden Königinnen durch Stühle mit ihren Namensschildern (vgl. VORLAGE 4a). Im Gespräch arbeitet sie heraus, welche Figuren nun wirklich eine zentrale Rolle einnehmen und für die Handlung im Kontext des Beziehungsgeflechts zwischen Maria und Elisabeth eine wichtige Rolle spielen. Als Ergebnis verbildlicht sie die Figuren Burleigh, Hanna Kennedy, Leicester, Mortimer, Shrewsbury (VORLAGE 4a) in der von den Lernenden genannten Reihenfolge. Zur Sprache kann auch hier schon kommen, dass es um eine vertiefte Darstellung gehen soll, die die Kenntnis des Dramas voraussetzt und die bloße schematische Abbildung aus dem Schauspielführer (ARBEITSBLATT 1) erweitert.

Zu diskutieren wäre, ob auch Amias Paulet in diesen inneren Kreis mit aufgenommen werden sollte. In seiner unerschütterlichen Rechtschaffenheit hat er zwar hohen Symbolwert, lässt sich aber nur schwerlich einer der Königinnen wirklich zuordnen. Daher wird er hier nicht mit in die weitergehende Untersuchung einbezogen – es wäre aber sinnvoll, wenn diese Entscheidung, gerne auch kritisch, zur Sprache käme.

VORLAGE 4a

Maria Stuart **von Friedrich Schiller**
Zentrale Figuren in ihrer Beziehung zu Maria und Elisabeth

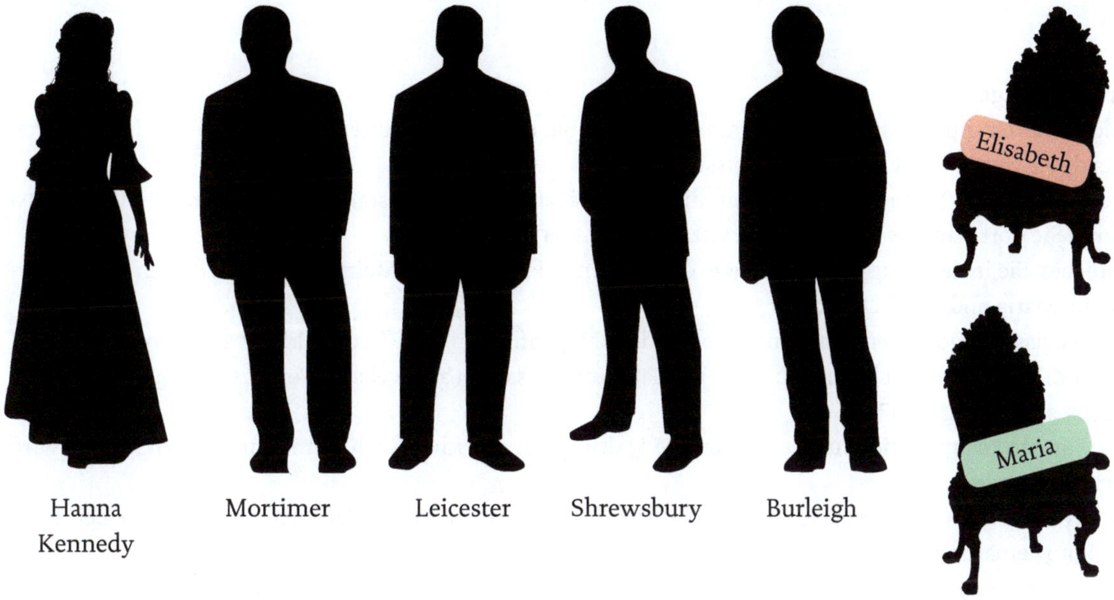

4.3 Erarbeitung 1: Zentrale Sätze der wichtigsten Nebenfiguren im Text finden

PA / UG

Unterrichtsschritt. Die Lernenden entnehmen dem Text jeweils einen zentralen Satz (»Schlüsselsatz«), den die Figuren Burleigh, Hanna Kennedy, Leicester, Mortimer, Shrewsbury äußern. Er wird in Partnerarbeit herausgesucht und auf ARBEITSBLATT 4 ***Die zentralen Nebenfiguren*** notiert. Im Anschluss wird diese Aufgabe gemeinsam besprochen, und es werden verschiedene Lösungen verglichen, die auch nebeneinander stehen bleiben können.

ARBEITSBLATT 4
➤ S. 28
Lösungshinweise
➤ S. 95

4.4 Erarbeitung 2: Standbild zu den Figuren in ihrem Verhältnis zu Maria und Elisabeth erstellen

Unterrichtsschritt. Die Schülerinnen und Schüler erstellen anhand der Anleitung auf VORLAGE 4b ***Ein Standbild zu »Maria Stuart«*** in Gruppenarbeit ein Standbild.

GA

VORLAGE 4b
➤ S. 26

Erläuterungen. Im Prinzip geht es hier um eine Aufstellung der zentralen Figuren des Stücks, in der das komplexe Beziehungsgeflecht zwischen Maria und Elisabeth sichtbar gemacht werden soll. Die beiden Königinnen werden dabei durch zwei Stühle mit Namensschild repräsentiert. Eventuell kann man auch den Darstellenden ein Namensschild umhängen oder anstecken.

Ausgehend von der Textvorlage gilt es die Vorstellungen von den im Text benannten Figuren und ihren Beziehungen zu Maria und Elisabeth auszuarbeiten und diese mit Hilfe von Nähe und Distanz, Mimik, Gestik und Haltung in ein konkretes Bild umzusetzen. Dabei sollen die Schülerinnen und Schüler über die Personen nachdenken, sich in ihre Lage versetzen und in ersten Ansätzen ihre Konflikte verstehen. Für die Auswertung der Standbilder können an dieser Stelle Fotos (z. B. mit dem Handy) gemacht werden.

VORLAGE 4b

Ein Standbild zu *Maria Stuart*

Zeigen Sie, wie die einzelnen Figuren zu Maria und Elisabeth stehen!

Info: Ein *Standbild* ist eine darstellende Methode, die es ermöglicht, die Sichtweise zu einem Problem oder zu einem Thema einmal anders auszudrücken als mit Worten. Das Standbild gibt in eingefrorener Form die Gefühle und Beziehungen der handelnden Personen zueinander wieder. Eine Regisseurin / ein Regisseur arrangiert die Szenerie.

Arbeitsaufträge:

1. Bilden Sie Gruppen mit 6 Personen und verteilen Sie die Rollen: Burleigh, Hanna Kennedy, Leicester, Mortimer, Shrewsbury und ein/e Regisseur/in.
2. Stellen Sie in der Mitte zwei Stühle auf, die sich – mit ausreichend Abstand – gegenüberstehen, und platzieren Sie dort Namensschilder mit MARIA und ELISABETH.
3. Sprechen Sie in der Gruppe darüber, wie die einzelnen Figuren Ihrer Meinung nach zu diesen beiden Personen, Maria und Elisabeth, stehen.
4. Der Regisseur modelliert aus den Körpern der »Nebenfiguren« ein Standbild. Er achtet besonders auf Körperhaltung und Blickrichtung: Wer ist Maria und Elisabeth auf welche Weise zugewandt? Wie nahe stehen sich die Figuren?
5. Die Figuren nehmen die ihnen zugewiesene Haltung ein, einschließlich Mimik und Gestik. Dabei wird nicht gesprochen.
6. Ist das Bild vollendet, erstarren alle Beteiligten für 30 Sekunden und fühlen sich ein. (In dieser Zeit kann ein Foto gemacht werden.)
7. Jede Figur spricht (nacheinander) ihren charakteristischen »Schlüsselsatz« aus dem Dramentext.
8. Merken Sie sich Ihre Positionen und Sätze für den Auftritt vor der Klasse.

4.5 Vertiefung: Die Figuren charakterisieren

GA

ARBEITSBLATT 4
➤ S. 28

Unterrichtsschritt. Ausgehend von ihrer körperlichen Disposition und Positionierung im Standbild charakterisieren die Lernenden mit dem in Unterrichtsschritt 4.3 erarbeiteten prägnanten Satz aus dem Text die verkörperte Person (ARBEITSBLATT 4). Die Körperhaltung soll bewusst auch auf die Intonation des Satzes übertragen werden.

4.6 Sicherung: Standbilder auswerten

EA / UG

Unterrichtsschritt. Die Schülerinnen und Schüler nehmen die verschiedenen Standbilder in der Klasse wertschätzend wahr und deuten diese im vergleichenden und textbezogenen Austausch.

Erläuterungen. Aus dem unmittelbaren Vergleich der unterschiedlichen Standbilder ergibt sich die Chance, über die Figuren und mögliche Interpretationsansätze zu diesen vertieft ins Gespräch zu kommen. Zur Durchführung gibt es verschiedene Möglichkeiten:

1. Die Standbilder werden mit dem Handy fotografiert und nebeneinander (oder auch nacheinander) auf dem Smartboard präsentiert. Wenn die technischen Möglichkeiten dazu bestehen, wäre dies eine sehr günstige Lösung, da die einzelnen Bilder wirklich unmittelbar nebeneinanderstehen und die jeweils Beteiligten sich vom Geschehen distanzieren und gleichberechtigt mitreden können.
2. Die Standbilder werden, wie vorher erarbeitet, jetzt nacheinander noch einmal vor der Klasse präsentiert. Während die präsentierende Gruppe ihr Standbild gut sichtbar aufbaut, schließen alle anderen in der Klasse die Augen bzw. schauen aus dem Fenster. Ist das Standbild perfekt aufgebaut, schauen nun alle an das Standbild von allen Seiten an. Dazu friert jedes Bild für ca. 30 Sekunden ein. Die Klassenkameraden beschreiben unmit-

telbar, was sie sehen. Erst wenn alle Bilder gezeigt und beschrieben wurden, beginnen alle Klassenmitglieder mit einer Deutung.

3. Es wird nur ein Standbild gezeigt und besprochen (die anderen Standbilder werden evtl. fotografiert, die Fotografien bis zur nächsten Stunde ausgedruckt und in der Klasse gezeigt). Dazu sondiert die Lehrkraft während der Gruppenarbeitsphase, welches Bild besonders geeignet ist bzw. welche Schülerinnen und Schüler sehr motiviert sind, ihr Bild zu zeigen. Wichtig ist hier, dass die Auswertungsphase nicht zu lange dauert, da es den Schauspielern nicht leichtfällt, die eingenommene Position länger als wenige Minuten unverändert zu halten. Deshalb sollte man sich zügig die wichtigsten Punkte ansprechen, z. B.: Welche Charakterzüge/Beziehungsaspekte sind erkennbar? Woran erkennt man sie? Welche Figur wirkt mächtiger/trauriger/einsamer? Welche Gesten/Auffälligkeiten dienen welchem Zweck?

ARBEITSBLATT 4

Die zentralen Nebenfiguren

 **Hanna Kennedy**	**Baron von Burleigh:** …………………………… …………………………… …………………………… …………………………… …………………………… …………………………… …………………………… …………………………… (Vers: ……………………) (Vgl. z. B.: S. 44–46, 108–112)	 **Graf von Leicester**	**Graf von Shrewsbury:** …………………………… …………………………… …………………………… …………………………… …………………………… …………………………… …………………………… …………………………… (Vers: ……………………) (Vgl. z. B.: S. 109–112, 143–145)	 **Mortimer**
Hanna Kennedy: …………………………… …………………………… …………………………… …………………………… …………………………… …………………………… …………………………… …………………………… (Vers: ……………………) (Vgl. z. B.: S. 5–17, 119–121)	 **Baron von Burleigh**	**Graf von Leicester:** …………………………… …………………………… …………………………… …………………………… …………………………… …………………………… …………………………… …………………………… (Vers: ……………………) (Vgl. z. B.: S. 94–99, 101–107)	 **Graf von Shrewsbury**	**Mortimer:** …………………………… …………………………… …………………………… …………………………… …………………………… …………………………… …………………………… …………………………… (Vers: ……………………) (Vgl. z. B.: S. 17–26, 96–99)

5 Die Ladies stehen im Blitzlichtgewitter
Maria und Elisabeth als Königinnen, Herrscherinnen, Frauen analysieren

Sachanalyse

Im Mittelpunkt des Stücks steht die Begegnung zwischen Maria und Elisabeth, die Schiller als Angelpunkt des Dramas konstruiert (Reclam XL, S. 77–84). Diese »ist mit der ganzen Schillerschen Lust an der Antithese und radikalen Umkehr gestaltet. Elisabeth kam, um den Triumph über Maria, von der sie als Weib so oft verletzt ward, zu kosten – Maria kam, um sich zu demütigen vor der, die ihr nach dem Leben steht. Und die triumphieren will, wird gedemütigt; die sich demütigen will, triumphiert, und zwar als Weib über das Weib«.[1] Tatsächlich ist die Weiblichkeit, die in den beiden Frauen konträr verwirklichte Konstruktion des Weiblichen und die Verletztheit und Verletzlichkeit von Frau zu Frau ein wichtiges Thema in dieser Szene. Gleichzeitig – und eng damit verquickt – erreicht aber auch die politische Frage, die Entscheidung über Gnade oder Eliminierung bezüglich der rivalisierenden Königin, hier ihren Gipfelpunkt. Dieser »Aufteilung des dramatischen Konflikts [entspricht die] korrespondierende ambivalente Persönlichkeitsstruktur«[2] der beiden Hauptfiguren.

Maria Stuart wird als sinnlich-erotische Frau gezeichnet; »ihr Schicksal ist, nur heftige Passionen zu erfahren und zu entzünden«[3], wie Schiller in einem Brief an Goethe schreibt. Diese Passionen hat sie, »die in der Wiege Königin schon war« (S. 6) in ihrer Jugend ausgelebt: Als »Weicherzogene« (ebd.), die in »jeder Freude Fülle« (ebd.) aufgewachsen ist, hat sie »den Gemahl ermorden lassen« (S. 48) und dessen Mörder geheiratet (vgl. ebd.). Sie hat dieses Verbrechen zwar gebeichtet, sieht sich aber nach wie vor als »schuldig« und nimmt letztlich ihr Schicksal an, obwohl sie dessen, weswegen sie offiziell verurteilt wird, des Anschlags auf Elisabeth, unschuldig ist: »[...] nie hab' ich durch Vorsatz oder Tat das Leben meiner Feindin angetastet!« (S. 132). Zum Zeitpunkt der Begegnung der beiden Frauen weckt Maria zwar noch männliche Leidenschaften – ein Modell dieser »›destruktiven‹ Form der Liebe verwirklicht Mortimer«[4] –, zeigt selbst jedoch »nichts Lasterhaftes mehr« (S. 16).

Mit den Folgen dieser männlichen Leidenschaften in Bezug auf Maria wird Elisabeth konfrontiert. Bei dieser dominiert der politisch-öffentliche Aspekt; Leipert spricht von einer männlichen Leistungsethik, die Schiller biografisch fundiert, ein »Bastard« (S. 84), den der Vater »zur ersten Pflicht durch Trübsal auferzog« (S. 48). Die jungfräuliche Elisabeth fühlt sich ihrem Staatsrat und Parlament verpflichtet (S. 46), die öffentliche Meinung ist ihr wichtig und sie versteht sich in ihrer Rolle als Königin als »Sklav[in] ihres Standes« (S. 41). Folgerichtig ist ihr der äußere Schein wichtiger als die zugrundeliegende Ethik, wie der Versuch zeigt, Maria unauffällig dem Tod zu überantworten und dabei »die eigne Hand vom Blute rein zu halten« (S. 56). Das Motiv scheint bei der Anstiftung Mortimers zu dieser Tat ein vornehmlich politisches zu sein – erst in der direkten Auseinandersetzung mit Maria wird deutlich, dass dahinter tiefe Kränkungen ihrer Weiblichkeit liegen: »Elisabeth hat sich bereitgefunden, sich als ›Weib‹ in Bezug auf ›Reiz‹ (V. 1951, 1992, 2027), ›Schönheit‹ (V. 1950, 2029, 2037) und ›Adel der Gestalt‹ (V. 2009) auf einen Vergleich mit Maria einzulassen und ist in diesem Vergleich unterlegen«.[5] Sie fühlt dies tief und schlägt auf dieser Ebene verbal zurück, indem sie Maria vor Lord Leicester auf dieser menschlichen, weiblichen Ebene erniedrigt: »Es kostet nichts, die a l l g e m e i n e Schönheit / Zu sein als die g e m e i n e sein für a l l e !« (V. 2417 f.). Maria, die demütig um Vergebung bitten wollte, schlägt auf der politischen Ebene zurück, qualifiziert Elisabeth als Thronräuberin ab. Das hat Konsequenzen: Maria gelingt es trotz allem, »ihre humane Würde zu wahren und so innere Autonomie zu gewinnen«[6] – gefasst geht sie in den Tod. Die gedemütigte Elisabeth unterschreibt den Hinrichtungsbefehl, wälzt aber die Verantwortung auf Burleigh und Davison ab. Nachdem auch Shrewsbury sich von ihr abwendet, bleibt sie moralisch entblößt am Ende allein zurück.

1 Eugen Kühnemann, *Schiller*, München 1905, S. 516.
2 Reinhart Leipert, *Friedrich Schiller. Maria Stuart*, München ²2000, S. 59.
3 Vgl. ebd., S. 61.
4 Ebd., S. 63.
5 Theodor Pelster, *Lektüreschlüssel XL. Friedrich Schiller: »Maria Stuart«*, Stuttgart 2017, S. 37.
6 Leipert (s. Anm. 2), S. 64.

Unterrichtsverlauf

Überblick. Die Schülerinnen und Schüler erkennen die Quintessenz der Schlüsselszene 3. Aufzug, 4. Auftritt, indem sie diese verknappt in moderne Alltagssprache übersetzen. In der vergleichenden szenischen Darstellung würdigen sie die Sprachkunst Schillers und bewerten im Gespräch die Stellung der beiden Königinnen.

! **Verkürzter Verlauf: 5.1 – 5.2 – 5.3 – 5.5**

Phase	Thema	Sozialform	Kompetenzen/Lernziele	Materialien
Voraussetzungen: Kenntnis des gesamten Dramas				
5.1	Einstieg: Anfang des 3. Aufzugs, 4. Auftritt hören	UG	• Den Anfang der Begegnung der Königinnen zur Vergegenwärtigung der Szene hören und besprechen	
5.2	Erarbeitung: Quintessenz des Dialogs erkennen	PA	• Die zentralen Punkte des Dialogs verknappt in moderne Alltagssprache umarbeiten	ARBEITSBLATT 5 ➤ S. 32–37
5.3	Sicherung: Die Ergebnisse vergleichen	UG	• Vergleich und Bewertung der Übertragungen im Gespräch	ARBEITSBLATT 5 ➤ S. 32–37
5.4 fakultativ	Vertiefung: Vorspiel der Szene gestalten	GA / UG	• Ergänzung von Regieanweisungen und gestalteter Vortrag der Szene	ARBEITSBLATT 5 ➤ S. 32–37
5.5	Nachbereitung: Die Szene bewerten	UG	• Diskussion, wer als Siegerin aus der Szene hervorgeht	ARBEITSBLATT 5 ➤ S. 32–37

5.1 Einstieg: Anfang des 3. Aufzugs, 4. Auftritt hören

UG

Internetzugang

Unterrichtsschritt. Die Schülerinnen und Schüler hören den Anfang der Szene III,4 als Hörbuch (z. B. Reclam Hörbuch zu *Maria Stuart*: www.youtube.com/watch?v=DAyI9wIovus, Stand: 16.3.2024, Dauer 1:45 min). Sie kommen dazu ins Gespräch und bringen die Stelle gegebenenfalls mit ihren Erfahrungen zu der Szene aus dem Theaterbesuch in Bezug.

5.2 Erarbeitung: Quintessenz des Dialogs erkennen

PA

ARBEITSBLATT 5
➤ S. 32–37
Lösungshinweise
➤ S. 96–101

Unterrichtsschritt. Die Lernenden lesen den Dialog auf ARBEITSBLATT 5 ***Was reden die da eigentlich?*** und übertragen die Kernaussagen in möglichst knapper Form in moderne Alltagssprache (rechte Spalte, Arbeitsauftrag 1).

Alternative. Dieser Arbeitsschritt nimmt viel Zeit in Anspruch. Falls man hier raffen möchte, ist es auch möglich, entweder in arbeitsteiliger Gruppenarbeit vorzugehen (fünf Gruppen, die jeweils die Teile 1–5 des Texts auf ARBEITSBLATT 5 bearbeiten) oder sich auf Teile des Dialogs zu beschränken.

Erläuterungen. Nachdem diese Szene Dreh- und Angelpunkt des Stückes ist, lohnt es sich, sich intensiv darauf einzulassen. Dazu gehört, dass der Text – mehrfach – gehört und gelesen wird und die Lernenden das Wesentliche in eigene Worte fassen. Daher lautet der Arbeitsauftrag, in Partnerarbeit (oder in Kleingruppen) den Dialog mit verteilten Rollen zunächst einmal durchgehend laut zu lesen, dann Abschnitt für Abschnitt. Zu jedem Abschnitt sollen die zentralen Punkte der jeweiligen Gesprächsbeiträge von Maria und Elisabeth ganz knapp in moderne Alltagssprache gebracht werden – und zwar vollständig ausformuliert, so dass ein neuer Dialog entsteht.

5.3 Sicherung: Die Ergebnisse vergleichen

Unterrichtsschritt. Die Schülerinnen und Schüler stellen ihre Dialoge auf ARBEITSBLATT 5 vor. Im Vergleich kommen Verständnisschwierigkeiten und reichhaltige sprachliche Gestaltung des Textes in den Blick.

UG

ARBEITSBLATT 5
➤ S. 32–37

Erläuterungen. Auf eine vertiefte Analyse der sprachlichen Gestaltung dieser Szene wird an dieser Stelle bewusst verzichtet – im Vordergrund soll neben dem grundlegenden Textverständnis eine wertschätzende Wahrnehmung der sprachlichen Reichhaltigkeit durch die Kontrastierung zur Alltagssprache hergestellt werden, ohne den Text zu »zerreden«.

5.4 Vertiefung: Vorspiel der Szene gestalten (fakultativ)

Unterrichtsschritt. Zum Dramentext (ARBEITSBLATT 5) werden die Regieanweisungen aus der Ausgabe ergänzt und beim Vorspiel der Szene mit umgesetzt (Arbeitsauftrag 2). Kontrastiv wird der modernisierte Dialog ebenfalls mit den Szenenanweisungen gespielt.

GA / UG

ARBEITSBLATT 5
➤ S. 32–37

Erläuterungen. Mimik, Gestik, Körperhaltungen und Bewegungen unterstreichen die Dialoginhalte und intensivieren dessen Darstellung. Indem die Lernenden diese bewusst in ihren Text eintragen, wird die Aufmerksamkeit darauf gelenkt und spiegelt sich in der dramatischen Darstellung wider. Die hochdramatische Gestik und Mimik stellt zudem einen interessanten Kontrapunkt zu einer eher nüchternen Alltagssprache heraus, der zu – den Schiller-Text wertschätzenden – Gesprächen Anlass gibt.

5.5 Nachbereitung: Die Szene bewerten

Unterrichtsschritt. Die Schülerinnen und Schüler tauschen sich dazu aus, wer als »Siegerin« aus dem Dialog hervorgeht.

UG

ARBEITSBLATT 5
➤ S. 32–37

Erläuterungen. Maria Stuart behält das letzte Wort – gleichzeitig ist das vernichtende Urteil über sie gefällt. Schiller selbst inszeniert Maria Stuart als moralische Siegerin über ihre De-facto-Bezwingerin Elisabeth, was sich schon an dieser Stelle abzeichnet. Insofern nimmt man mit der Diskussion nach der »Siegerin« zu diesem Zeitpunkt schon ein Thema vorweg, das zum Ende der Unterrichtseinheit noch eine bedeutende Rolle spielen wird. Aktuell hat das jedoch den Vorteil, dass die Schülerinnen und Schüler sich noch ganz frei und ungezwungen äußern können – hier ist das letzte Wort noch nicht gesprochen. Und das gibt die Möglichkeit, individuelle Wahrnehmungen in der Klasse auszuloten: Welchen Stellenwert messen die Lernenden realer Macht zu? Wie schätzen sie ideelle Werte ein? Sehen und verstehen sie den Symbolwert des letzten Satzes – »denn ich bin euer König« (V. 2451)? Daher muss hier auch keine abschließende Bewertung erfolgen, es kann beim Sammeln von Meinungen und Argumenten bleiben, die notiert und später dann aufgegriffen werden sollten.

Was reden die da eigentlich?

Dialog Maria – Elisabeth (III,4)

Teil 1

ELISABETH. Wer ist die Lady? [...]
Wer war es denn, der eine Tiefgebeugte
Mir angekündigt? Eine Stolze find ich,
Vom Unglück keineswegs geschmeidigt.

MARIA. Sei's!
Ich will mich auch noch diesem unterwerfen.
Fahr hin, ohnmächt'ger Stolz der edeln Seele!
Ich will vergessen, wer ich bin, und was
Ich litt, ich will vor ihr mich niederwerfen,
Die mich in diese Schmach herunterstieß.
(________________________________.)
Der Himmel hat für Euch entschieden, Schwester!
Gekrönt vom Sieg ist Euer glücklich Haupt,
Die Gottheit bet ich an, die Euch erhöhte!
(________________________________.)
Doch seid auch Ihr nun edelmütig, Schwester!
Lasst mich nicht schmachvoll liegen, Eure Hand
Streckt aus, reicht mir die königliche Rechte,
Mich zu erheben von dem tiefen Fall.

ELISABETH *(________________________________)*.
Ihr seid an Eurem Platz, Lady Maria!
Und dankend preis ich meines Gottes Gnade,
Der nicht gewollt, dass ich zu Euren Füßen
So liegen sollte, wie Ihr jetzt zu meinen.

MARIA (_____________________________).
Denkt an den Wechsel alles Menschlichen! ....
Es leben Götter, die den Hochmut rächen! ....
Verehret, fürchtet sie, die schrecklichen, ...
Die mich zu Euren Füßen niederstürzen – ....
Um dieser fremden Zeugen willen, ehrt ....
In mir Euch selbst, entweihet, schändet nicht ....
Das Blut der Tudor, das in meinen Adern
Wie in den Euren fließt – O Gott im Himmel!
Steht nicht da, schroff und unzugänglich, wie
Die Felsenklippe, die der Strandende
Vergeblich ringend zu erfassen strebt.
Mein Alles hängt, mein Leben, mein Geschick,
An meiner Worte, meiner Tränen Kraft,
Löst m i r das Herz, dass ich das Eure rühre!
Wenn Ihr mich anschaut mit dem Eisesblick,
Schließt sich das Herz mir schaudernd zu, der Strom
Der Tränen stockt, und kaltes Grausen fesselt
Die Flehensworte mir im Busen an.

Teil 2

ELISABETH (_____________________________).
Was habt Ihr mir zu sagen, Lady Stuart? ....
Ihr habt mich sprechen wollen. Ich vergesse ....
Die Königin, die schwer beleidigte, ...
Die fromme Pflicht der Schwester zu erfüllen, ...
Und meines Anblicks Trost gewähr ich Euch.
Dem Trieb der Großmut folg ich, setze mich
Gerechtem Tadel aus, dass ich so weit
Heruntersteige – denn Ihr wisst,
Dass Ihr mich habt ermorden lassen wollen.

MARIA. Womit soll ich den Anfang machen, wie
Die Worte klüglich stellen, dass sie Euch ....
Das Herz ergreifen, aber nicht verletzen! ....
O Gott, gib meiner Rede Kraft, und nimm ....
Ihr jeden Stachel, der verwunden könnte! ....
Kann ich doch für mich selbst nicht sprechen, ohne Euch ....
Schwer zu verklagen, und das will ich nicht. ....
– Ihr habt an mir gehandelt, wie nicht recht ist, ...
Denn ich bin eine Königin wie Ihr, ...
Und Ihr habt als Gefangne mich gehalten, ...
Ich kam zu Euch als eine Bittende,
Und Ihr, des Gastrechts heilige Gesetze,

Der Völker heilig Recht in mir verhöhnend,
Schlosst mich in Kerkermauern ein, die Freunde,
Die Diener werden grausam mir entrissen,
Unwürd'gem Mangel werd ich preisgegeben,
Man stellt mich vor ein schimpfliches Gericht –
Nichts mehr davon! Ein ewiges Vergessen
Bedecke, was ich Grausames erlitt.
– Seht! Ich will alles eine Schickung nennen,
Ihr seid nicht schuldig, ich bin auch nicht schuldig,
Ein böser Geist stieg aus dem Abgrund auf,
Den Hass in unsern Herzen zu entzünden,
Der unsre zarte Jugend schon entzweit.
Er wuchs mit uns, und böse Menschen fachten
Der unglücksel'gen Flamme Atem zu.
Wahnsinn'ge Eiferer bewaffneten
Mit Schwert und Dolch die unberufne Hand –
Das ist das Fluchgeschick der Könige,
Dass sie, entzweit, die Welt in Hass zerreißen,
Und jeder Zwietracht Furien entfesseln.
– Jetzt ist kein fremder Mund mehr zwischen uns,
(________________________________)
Wir stehn einander selbst nun gegenüber.
Jetzt, Schwester, redet! Nennt mir meine Schuld,
Ich will Euch völliges Genügen leisten.
Ach, dass Ihr damals mir Gehör geschenkt,
Als ich so dringend Euer Auge suchte!
Es wäre nie so weit gekommen, nicht
An diesem traur'gen Ort geschähe jetzt
Die unglückselig traurige Begegnung.

Teil 3

ELISABETH. Mein guter Stern bewahrte mich davor,
Die Natter an den Busen mir zu legen. ....
– Nicht die Geschicke, Euer schwarzes Herz ....
Klagt an, die wilde Ehrsucht Eures Hauses. ....
Nichts Feindliches war zwischen uns geschehn, ...
Da kündigte mir Euer Ohm, der stolze, ...
Herrschwüt'ge Priester, der die freche Hand ....
Nach allen Kronen streckt, die Fehde an,
Betörte Euch, mein Wappen anzunehmen,
Euch meine Königstitel zuzueignen,
Auf Tod und Leben in den Kampf mit mir
Zu gehn – Wen rief er gegen mich nicht auf?
Der Priester Zungen und der Völker Schwert,

Des frommen Wahnsinns fürchterliche Waffen,
Hier selbst, im Friedenssitze meines Reichs,
Blies er mir der Empörung Flammen an –
Doch Gott ist mit mir, und der stolze Priester
Behält das Feld nicht – Meinem Haupte war
Der Streich gedrohet, und das Eure fällt!

MARIA. Ich steh in Gottes Hand. Ihr werdet Euch
So blutig Eurer Macht nicht überheben –

ELISABETH. Wer soll mich hindern? Euer Oheim gab
Das Beispiel allen Königen der Welt,
Wie man mit seinen Feinden Frieden macht,
Die Sankt Barthelemi sei meine Schule!
Was ist mir Blutsverwandtschaft, Völkerrecht?
Die Kirche trennet aller Pflichten Band,
Den Treubruch heiligt sie, den Königsmord,
Ich übe nur, was Eure Priester lehren.
Sagt! Welches Pfand gewährte mir für Euch,
Wenn ich großmütig Eure Bande löste?
Mit welchem Schloss verwahr ich Eure Treue,
Das nicht Sankt Peters Schlüssel öffnen kann?
Gewalt nur ist die einz'ge Sicherheit,
Kein Bündnis ist mit dem Gezücht der Schlangen.

MARIA. O das ist Euer traurig finstrer Argwohn!
Ihr habt mich stets als eine Feindin nur
Und Fremdlingin betrachtet. Hättet Ihr
Zu Eurer Erbin mich erklärt, wie mir
Gebührt, so hätten Dankbarkeit und Liebe
Euch eine treue Freundin und Verwandte
In mir erhalten.

Teil 4

ELISABETH. Draußen, Lady Stuart,
Ist Eure Freundschaft, Euer Haus das Papsttum,
Der Mönch ist Euer Bruder – Euch, zur Erbin
Erklären! Der verräterische Fallstrick!
Dass Ihr bei meinem Leben noch mein Volk
Verführtet, eine listige Armida
Die edle Jugend meines Königreichs
In Eurem Buhlernetze schlau verstricktet –
Dass alles sich der neu aufgehnden Sonne
Zuwendete, und ich –

MARIA. Regiert in Frieden!
Jedwedem Anspruch auf dies Reich entsag ich.
Ach, meines Geistes Schwingen sind gelähmt,
Nicht Größe lockt mich mehr – Ihr habt's erreicht,
Ich bin nur noch der Schatten der Maria.
Gebrochen ist in langer Kerkerschmach
Der edle Mut – Ihr habt das Äußerste an mir
Getan, habt mich zerstört in meiner Blüte!
– Jetzt macht ein Ende, Schwester. Sprecht es aus,
Das Wort, um dessentwillen Ihr gekommen,
Denn nimmer will ich glauben, dass Ihr kamt,
Um Euer Opfer grausam zu verhöhnen.
Sprecht dieses Wort aus. Sagt mir: »Ihr seid frei,
Maria! Meine Macht habt Ihr gefühlt,
Jetzt lernet meinen Edelmut verehren!«
Sagt's, und ich will mein Leben, meine Freiheit
Als ein Geschenk aus Eurer Hand empfangen.
– Ein Wort macht alles ungeschehn. Ich warte
Darauf. O lasst mich's nicht zu lang erharren!
Weh Euch, wenn Ihr mit diesem Wort nicht endet!
Denn wenn Ihr jetzt nicht segenbringend, herrlich,
Wie eine Gottheit von mir scheidet – Schwester!
Nicht um dies ganze reiche Eiland, nicht
Um alle Länder, die das Meer umfasst,
Möcht ich vor Euch so stehn, wie Ihr vor mir!

ELISABETH. Bekennt Ihr endlich Euch für überwunden?
Ist's aus mit Euren Ränken? Ist kein Mörder
Mehr unterweges? Will kein Abenteurer
Für Euch die traur'ge Ritterschaft mehr wagen?
– Ja, es ist aus, Lady Maria. Ihr verführt
Mir keinen mehr. Die Welt hat andre Sorgen.
Es lüstet keinen Euer – vierter Mann
Zu werden, denn Ihr tötet Eure Freier
Wie Eure Männer!

MARIA (______________________). Schwester! Schwester!
O Gott! Gott! Gib mir Mäßigung!

Teil 5

ELISABETH (______________________________).
Das also sind die Reizungen, Lord Leicester,
Die ungestraft kein Mann erblickt, daneben

Kein andres Weib sich wagen darf zu stellen!
Fürwahr! Der Ruhm war wohlfeil zu erlangen,
Es kostet nichts, die allgemeine Schönheit
Zu sein, als die gemeine sein für alle!

MARIA. Das ist zu viel!

ELISABETH (__________). Jetzt zeigt Ihr Euer wahres
Gesicht, bis jetzt war's nur die Larve.

MARIA (____________________).
Ich habe menschlich, jugendlich gefehlt,
Die Macht verführte mich, ich hab es nicht
Verheimlicht und verborgen, falschen Schein
Hab ich verschmäht, mit königlichem Freimut.
Das Ärgste weiß die Welt von mir und ich
Kann sagen, ich bin besser als mein Ruf.
Weh Euch, wenn sie von Euren Taten einst
Den Ehrenmantel zieht, womit Ihr gleißend
Die wilde Glut verstohlner Lüste deckt.
Nicht Ehrbarkeit habt Ihr von Eurer Mutter
Geerbt, man weiß, um welcher Tugend willen
Anna von Boleyn das Schafott bestiegen. […]
Mäßigung! Ich habe
Ertragen, was ein Mensch ertragen kann.
Fahr hin, lammherzige Gelassenheit,
Zum Himmel fliehe, leidende Geduld,
Spreng endlich deine Bande, tritt hervor
Aus deiner Höhle, langverhaltner Groll –
Und du, der dem gereizten Basilisk
Den Mordblick gab, leg auf die Zunge mir
Den gift'gen Pfeil – […]
Der Thron von England ist durch einen Bastard
Entweiht, der Briten edelherzig Volk
Durch eine list'ge Gauklerin betrogen.
– Regierte Recht, so läget Ihr vor mir
Im Staube jetzt, denn ich bin Euer König.
(____________________.)

Arbeitsaufträge:

1. Formulieren Sie die zentralen Punkte der jeweiligen Gesprächsbeiträge von Maria und Elisabeth jeweils ganz knapp in moderner Alltagssprache (rechte Spalte).
2. Tragen Sie in der linken Spalte die Regieanweisungen aus der Ausgabe Reclam XL, S. 77–84 nach. Spielen Sie den originalen und den modernisierten Dialog unter Berücksichtigung dieser Anweisungen.

6 Nach der Vorstellung: Diskussion über das Stück Über den Zusammenhang von Recht und Macht nachdenken

Sachanalyse

»Schiller wäre heute ein gefragter Netflix- oder HBO-Drehbuchschreiber«[1], so Burgtheaterdirektor Martin Kusej 2021. Denn auch wenn das Herrschaftssystem und die patriarchalen Strukturen sowie die Wahrnehmung der Stimme des Volkes – sowohl bezüglich der im Stück abgebildeten Zeit, dem England des 16. Jahrhunderts, als auch der Entstehungszeit um 1800 – nicht mehr den heutigen Verhältnissen entsprechen, sind die abgebildeten Themen hochaktuell: Es geht u. a. um Moral und Gerechtigkeit in Abhängigkeit vom Geschlecht, von der individuellen Macht von Herrschenden im Kontext eines Rechtssystems und im Zusammenhang mit der öffentlichen Meinung.

Im Mittelpunkt steht die Herrscherfigur, doppelt verkörpert in Elisabeth und Maria, die in verschiedener Hinsicht dramatisiert wird. Die Königinnen als Frauen in einer patriarchalischen Gesellschaft leben dabei den Konflikt zwischen Weiblichkeit und Selbstbehauptung im männlichen Umfeld, den sie gegensätzlich lösen: »Offenbar verleihen Disziplin, Askese und politischer Beruf der Erscheinung Elisabeths einen Einschlag maskuliner Härte«, was sie »ihrer weiblichen Anziehungskraft beraubt.«[2] Diese besitzt Maria »im Übermaß, freilich zu ihrem moralisch-politischen, gewissermaßen beruflichen Nachteil.«[3] Elisabeth besteht als Herrscherin, weil sie sich an puritanischen, an männlichen Verhaltensformen orientierten Normen ausrichtet, was sie gleichzeitig in ihrer Rolle als Frau verunsichert. Sie übernimmt die Wertmaßstäbe des männlichen Blicks – aus dieser Sicht fühlt sie sich in ihrer Weiblichkeit von Maria übertrumpft und löst den Rollenkonflikt, dass sie sich bei einer Heirat dem Mann unterordnen müsste, durch Enthaltsamkeit. Den »Machtanspruch des sogenannten ›starken Geschlechts‹ [betrachtet sie] als ›Naturzweck‹, als ›Ordnung der Natur‹ (II/2, V. 1182, 1173), also gerade nicht als historisch bedingte Konvention.«[4] In ihrer Rolle als Herrscherin sieht sie sich auch durch die Fragwürdigkeit ihrer dynastischen Legitimation bedroht, so dass für sie das öffentliche Bild als »gerechte Königin« eine große Rolle spielt. Im Gegenzug besteht ein starkes politisches Interesse, Maria zu eliminieren, die ihr genau aus diesem Grund den Thron streitig macht. Juristisch ist in England seit der Magna Charta von 1215 das Prozessrecht festgelegt, praktisch hatte vor allem die Herrschaft Heinrichs VIII. deutlich absolutistische Tendenzen: »Im Bannkreis religiös, politisch und privat motivierter Interessen wird das Recht ›zurecht‹ gelegt, gedeutet und umgedeutet«[5]. Der Rechtsmissbrauch gipfelt in der Beseitigung Davisons, die der Abwälzung von Verantwortung für die Hinrichtung dient. Elisabeth handelt psychologisch nachvollziehbar. Gut herauszuarbeiten sind in diesem Kontext auch die Anteile der sie umgebenden Personen: Burleigh, der die Staatsraison vor alles stellt und Elisabeth Argumente für eine Hinrichtung an die Hand gibt, und Shrewsbury, der für eine sittlich gerechtfertigte Gewissensentscheidung plädiert und zur Seite geschoben wird; der jugendliche Idealist Mortimer, der sich scheinbar für einen Meuchelmord an der Konkurrentin anbietet; Leicester, der nur in seinem Eigeninteresse handelt und durch das Arrangement der Begegnung von Maria und Elisabeth ungewollt die Situation zum Eskalieren bringt; und schließlich Maria Stuart, die ihr Schicksal selbst wendet und stolz und als moralische Siegerin in ihren Untergang geht. Verhandelt wird die »Idee der menschlichen Gattung [...]. Das Spezifikum des Menschen [...] ist sein Wille, seine Fähigkeit zum sittlichen Handeln. [...] [So] führt das Drama zur ästhetischen Revision eines historischen ›Fehlurteils‹. Die historisch Verurteilte wird freigesprochen, die Richterin überführt. Der ›poetische‹ Prozess ›reformuliert‹ den zentralen Konflikt zwischen Macht und Recht«.[6]

1 www.meinbezirk.at/tennengau/c-leute/game-of-thrones-auf-der-pernerinsel-in-hallein_a4824979 (Stand: 15. 2. 2024).
2 Gert Sautermeister, »*Maria Stuart*«, in: *Interpretationen. Schillers Dramen*, hrsg. von Walter Hinderer, Stuttgart 1992, S. 293.
3 Ebd., S. 299.
4 Barbara Neymeyr, »Macht, Recht und Schuld. *Maria Stuart*«, in: *Schiller Werkinterpretationen*, hrsg. von Günter Sasse, Heidelberg 2005, S. 117.
5 Sautermeister (s. Anm. 2), S. 315.
6 Reinhart Leipert, *Friedrich Schiller. Maria Stuart*, München ^{2}2000, S. 36.

Unterrichtsverlauf

Überblick. Die Schülerinnen und Schüler setzen sich, ausgehend von der Frage »Wie konnte es so weit kommen?«, mit den rechtspolitischen und erotischen Komponenten des im Stück zentralen Konflikts von Macht und Recht auseinander. Sie skizzieren im Anschluss einen poetischen Gegenentwurf, bei dem diese Komponenten in idealer Weise verbessert wurden. ! **Verkürzter Verlauf: 6.1 – 6.2 – 6.3**

Phase	Thema	Sozialform	Kompetenzen/Lernziele	Materialien
Voraussetzungen: Kenntnis des gesamten Dramas				
6.1	Einstieg: »Wie konnte es so weit kommen?«	EA	• Konflikt von Macht und Recht als zentrales Thema bei Schiller erkennen	TAFELBILD 6 ➤ S. 40 VORLAGE 2b ➤ S. 14
6.2	Erarbeitung: Sich zu den Komponenten des Konflikts von Macht und Recht informieren	EA	• Überblick über die rechtspolitische und erotische Komponente gewinnen	ARBEITSBLATT 6a ➤ S. 41 f.
6.3	Sicherung: Strukturierte Darstellung der Komponenten	UG	• Sich die Problemstellung Schillers klar vor Augen führen • Schillers poetische Korrektur begreifen	ARBEITSBLATT 6a ➤ S. 41 f. TAFELBILD 6 ➤ S. 40
6.4 **fakultativ**	Vertiefung: Einen Text über die dramatische Handlung bei veränderten Bedingungen schreiben	EA / UG	• Änderung der Rahmenbedingungen in ihrem Einfluss auf die dramatische Handlung erörtern	ARBEITSBLATT 6b ➤ S. 43

6.1 Einstieg: »Wie konnte es so weit kommen?«

Unterrichtsschritt. In Anbindung an die zweite Unterrichtseinheit machen sich die Lernenden bewusst, dass die historischen Abweichungen im Drama von Friedrich Schiller bewusst platziert werden, um u. a. auf die Verhältnisse von Macht und Recht aufmerksam zu machen. EA

Gezeigt wird erneut der Trailer zu *Mary Queen of Scots* (www.youtube.com/watch?v=3UwE24EAtU8, s. Kapitel 2) bis Minute 2:36, so dass die Frage »Wie konnte es so weit kommen?« im Raum stehen bleibt. Kontrastiv wird dazu die Überschrift von TAFELBILD 6: »Maria Stuart – eine poetische Korrektur der Geschichte von Friedrich Schiller // Wie konnte es so weit kommen? // Ein Konflikt von Macht und Recht« präsentiert. Die Schülerinnen und Schüler kommen darüber ins Gespräch. Sie erinnern sich an die Inhalte der zweiten Stunde mit den Fragestellungen: Was wusste Friedrich Schiller von den dargestellten Fakten, als er das Drama schrieb? – Welche Inhalte des Dramas sind historisch korrekt? – Wo hat Schiller bewusst mit Fiktionen gearbeitet? Dazu werden auf TAFELBILD 6 die zentralen Fakten (nach VORLAGE 2b) ergänzt (hier links und rechts in blauer Schrift, Vervollständigung im folgenden Unterrichtsschritt). Im Gespräch wird herausgearbeitet, dass der Konflikt von Macht und Recht von Schiller als wichtiger Themenkomplex fokussiert wird.

TAFELBILD 6 ➤ S. 40
VORLAGE 2b ➤ S. 14
Internetzugang

6.2 Erarbeitung: Sich zu den Komponenten des Konflikts von Macht und Recht informieren

Unterrichtsschritt. Die Schülerinnen und Schüler lesen ARBEITSBLATT 6a ***Der Konflikt von Macht und Recht: Infoblatt*** und fassen den Inhalt in Stichpunkten zusammen. EA

ARBEITSBLATT 6a ➤ S. 41 f.

TAFELBILD 6

Maria Stuart – eine poetische Korrektur der Geschichte von Friedrich Schiller

Wie konnte es so weit kommen?
Ein Konflikt von Macht und Recht

Historische Fakten im Drama	a) Die rechtspolitische Komponente: Darstellung eines Unrechtsregimes	b) Die erotische Komponente: Patriarchale Macht vs. Weiblichkeit	Historische Freiheiten im Drama
• Hauptakteure historisch belegt • Ringen um den englischen Thron • Religiöser Hintergrund wird tendenziös, aber im Kern korrekt wiedergegeben	• Maria bekommt einen fingierten Schauprozess • Sie hat keine Möglichkeit einer juristisch vertretbaren Verteidigung • Es kommt ein Einzelfallgesetz zur Anwendung • Letztlich verfügt die Herrscherin willkürlich	• Elisabeth regiert pflichtbewusst, »wie ein Mann«, und unterdrückt ihre Weiblichkeit • Maria steht für Schönheit und Lebensgenuss • Bei der persönlichen Begegnung triumphiert Maria als Frau ▶ Elisabeth besiegt sie mit Mitteln der Macht	• Maria und Elisabeth werden jünger dargestellt (29/26 Jahre alt statt 45/54 Jahre) • kein persönliches Treffen der beiden Königinnen • Keine Liebesbeziehung Leicester – Maria • Läuterung Marias (Geständnis des Mords an Darnley, Leugnung der Beteiligung am Attentat auf Elisabeth) erfunden

▶ Maria akzeptiert das Urteil als Strafe für frühere Sünden. Sie geht als moralische Siegerin mit reinem Gewissen in den Tod.

6.3 Sicherung: Strukturierte Darstellung der Komponenten

UG

ARBEITSBLATT 6a
➤ S. 41 f.
TAFELBILD 6
➤ S. 40

Unterrichtsschritt mit Erläuterungen. Die Lehrkraft trägt die zu ARBEITSBLATT 6a erarbeiteten Stichpunkte im Unterrichtsgespräch in einem strukturierten Tafelbild zusammen (TAFELBILD 6, Passagen in schwarzer Schrift). Ggf. kann man noch die Abschlussdiskussion aus der fünften Unterrichtsstunde mit heranziehen und in einem bewertenden Schlusssatz visualisieren. Zielpunkt des Unterrichtsgesprächs ist die Erkenntnis, dass Schiller das tatsächliche historische Geschehen einer poetischen Korrektur unterzieht: Elisabeth ist zwar in machtpolitischer Perspektive die Siegerin, moralische Siegerin ist aber – trotz Tod – Maria.

6.4 Vertiefung: Einen Text über die dramatische Handlung bei veränderten Bedingungen schreiben (fakultativ)

EA / UG

ARBEITSBLATT 6b
➤ S. 43
Lösungshinweise
➤ S. 102

Unterrichtsschritt. Als Vertiefung verfassen die Lernenden einen Text zu einem der beiden Arbeitsaufträge auf ARBEITSBLATT 6b ***Änderung der Rahmenbedingungen***. Sie durchdenken dabei, wie eine Änderung der Rahmenbedingungen zu einer Änderung des ungerechten Urteils führen könnte, und werden darauf aufmerksam, dass systemische Strukturen unmittelbare Auswirkungen auf das konkrete Leben in einer Gesellschaft haben können. Die Ergebnisse werden vorgetragen und diskutiert.

Alternative. Der Schreibauftrag kann auch als Hausaufgabe erfolgen.

Der Konflikt von Macht und Recht: Infoblatt

Friedrich Schiller setzt sich bewusst mit der Diskrepanz zwischen *Wirklichkeit* und *Ideal* auseinander. Er hatte sie bei der Französischen Revolution (1789) erlebt, wo die Idee von Freiheit, Gleichheit und Brüderlichkeit in eine Schreckensherrschaft mündet.

Maria Stuart ist ein politisches Drama, in dem u. a. ein zentraler politischer Grundkonflikt aufgegriffen wird: der Konflikt von Macht und Recht. Der Autor nimmt dabei klug in den Blick, dass in die Machtpolitik oft auch externe menschliche Faktoren mit hineinspielen, wie etwa Sex und Begehren.

Im Folgenden werden die Hintergründe zur erotischen und rechtspolitischen Konstellation in dem Drama knapp beleuchtet.

a) Die rechtspolitische Komponente

In dem Drama werden Verhaftung, Anklage, Verteidigung und gerichtliches Strafverfahren der Maria Stuart thematisiert. Der Dramenhandlung auf der Bühne gehen 19 Jahre Kerkerhaft ohne formale Anklage voraus. Schon zu Beginn des ersten Aktes beklagt Maria sich, dass ihr – heute in demokratischen Ländern selbstverständliche – Rechte auf einen Strafverteidiger, einen unabhängigen Richter und eine Kenntnis der Anklagepunkte verweigert wurden: »Ein peinlich langer Monat ist vorüber, / Seitdem die vierzig Kommissarien / In diesem Schloss mich überfallen, Schranken / Errichtet, schnell, mit unanständiger Eile, / Mich unbereitet, ohne Anwalts Hülfe, / Vor ein noch nie erhört Gericht gestellt, / Auf schlaugefasste schwere Klagepunkte / Mich, die Betäubte, Überraschte, flugs / Aus dem Gedächtnis Rede stehen lassen« (V. 216–224). Zudem führt sie ins Feld, dass sie als ausländisches Staatsoberhaupt der englischen Gerichtsbarkeit gar nicht unterliege.

Ein weiterer Punkt juristischer Willkür ist das sogenannte »Einzelfallgesetz«, das spezifisch auf einen bestimmten Fall gerichtet ist und heute im Grundgesetz (Art. 19) verboten wird: »Ich zweifle nicht, dass ein Gesetz, ausdrücklich / Auf m i c h gemacht, verfasst, mich zu verderben, / Sich gegen mich wird brauchen lassen« (V. 856–858). Es wird deutlich, dass das Verfahren rechtsstaatlichen Ansprüchen nicht gerecht wird, doch dient es, solange Marias Verurteilung einem formaljuristisch korrekten Akt folgt, zumindest nach außen hin, der moralischen Entlastung Elisabeths.

Diese befindet sich in einem inneren Konflikt zwischen dem Willen nach der Festigung ihrer Macht und einer gerechten Gewissensentscheidung. Der Tod Maria Stuarts sichert staatspolitisch ihren Thronanspruch und es gewährleistet ihre persönliche Sicherheit, wenn die katholische Thronanwärterin nicht mehr zur Verfügung steht. Da Maria aber (in Schillers Drama) unschuldig im Sinne der Anklage (eines Mordanschlags auf Elisabeth) ist, wäre ein Freispruch die sittlich-moralisch rechte Entscheidung. Letztlich wird jedoch das Strafverfahren als Mittel zum politisch nützlichen Zweck eingesetzt und nicht, um zu einem gerechten Ergebnis zu gelangen.

b) Die erotische Komponente

Shrewsbury kontrastiert im zweiten Aufzug die Jugend und Erziehung der beiden Königinnen: Auf der einen Seite Elisabeth, aufgewachsen im protestantisch nüchternen England und zur strengen Pflichterfüllung erzogen: »Dir war das Unglück eine strenge Schule. / Nicht seine Freudenseite kehrte dir / Das Leben zu. […] / Zu Woodstock war's und in des Towers Nacht, / Wo dich der gnäd'ge Vater dieses Landes / Zur ersten Pflicht durch Trübsal auferzog« (V. 1377–83). Ihr gegenüber die hübsche Maria, die am sinnenfreudigen, katholischen französischen Hof heranwächst: »Geblendet ward sie von der Laster Glanz / Und fortgeführt vom Strome des Verderbens. / Ihr ward der Schönheit eitles Gut zuteil, / Sie überstrahlte blühend alle Weiber, / Und durch Gestalt nicht minder als Geburt – –« (V. 1393–97).

Als Erwachsene hat Elisabeth die gesellschaftlichen Normen ihrer Zeit verinnerlicht. Den männlichen Machtanspruch akzeptiert sie, konform zur damals üblichen Weltsicht, als natürliche Ordnung (vgl. Reclam XL, S. 42). Dieser stellt sie sich, indem sie selbst die Männerrolle übernimmt, was sie auch explizit hervorhebt, wenn sie davon spricht »regiert / Zu haben, wie ein Mann« (V. 1170 f.) und gleichzeitig ihre Weiblichkeit unterdrückt. Sie löst den Rollenkonflikt, sich bei einer Heirat dem Mann unterordnen zu müssen, durch Enthaltsamkeit. Dies führt zu einer Entfremdung und Unsicherheit in Bezug auf ihr Selbstbild als Frau und macht sie für die Schmeicheleien Lord Leicesters anfällig.

Ganz anders Maria, die ihre erotischen Wünsche ausgelebt hat, mehrfache Ehefrau und Mutter geworden ist und sich ihrer Weiblichkeit als anmutige und attraktive Frau selbst sicher ist. Aber auch in der Politik handelt sie in Übereinstimmung mit diesem Bild von Weiblichkeit, insofern sie sich von ihren Gefühlen und Leidenschaften leiten lässt. Im Aufeinandertreffen der beiden fühlt Elisabeth sich als Frau gedemütigt und greift auf die ihr zur Verfügung stehenden Mittel der Macht zurück. Neben der leidenschaftlich agierenden Maria Stuart ist dabei die Anwesenheit Lord Leicesters, für den Elisabeth weiblich anziehend sein möchte, ein wesentlicher Faktor.

Änderung der Rahmenbedingungen

Eine weitere poetische Korrektur des Geschehens

Arbeitsauftrag 1: Die politische Komponente

Ändern Sie die gesellschaftspolitischen Rahmenbedingungen:

Es herrschen keine absolutistischen Herrschaftsstrukturen, sondern die Rechtsprechung unterliegt der Gewaltenteilung.

Maria Stuart bekommt einen ordentlichen Prozess.

1. Wie wäre dieser aufgebaut, wer würde unter welchen Bedingungen urteilen?
2. Wie würde Elisabeth agieren?
3. Welche Rolle käme den Höflingen zu?
4. Welche Auswirkungen könnte das auf das Urteil haben?

Arbeitsauftrag 2: Die erotische Komponente

Ändern Sie die geschlechtsspezifischen Rahmenbedingungen:

Mann und Frau sind gleichberechtigt und werden in der Gesellschaft so wahrgenommen.

Es ist für eine Frau möglich, gleichzeitig weiblich im Sinn von sinnlich/attraktiv für Männer, ggf. Mutter und Ehefrau *und zugleich* politisch machtvoll/stark als Herrscherin zu sein.

1. Was ändert sich für Maria, was für Elisabeth?
2. Wie ändert sich das Verhältnis der beiden?
3. Welche Auswirkungen könnte das auf das Urteil haben?

7 Rezensionen zum Stück: das ist echt gut gemacht
Form und literarische Technik erfassen und beurteilen

Sachanalyse

Während eine Reflexion über die handelnden Figuren, insbesondere die beiden Königinnen und den von ihnen verkörperten Konflikt von Macht und Recht, sich anschaulicher besprechen lassen, wenn die dramatische Realisation des Werks noch unmittelbar vor Augen steht, ist es für eine Analyse der Form wirkungsvoller, den gedruckten Dramentext in den Mittelpunkt zu stellen. Hier liegen den Rezipienten neben den gesprochenen Texten, die man sich wiederholt vergegenwärtigen kann, auch die Regieanweisungen mit Hinweisen für das Bühnenbild, den Gebrauch von Requisiten u.v.m. vor. Auch die – doch recht kleinteilige – Strukturierung des Lesetextes in Akt- und Szenenaufteilungen lässt sich hier klarer nachvollziehen.

In seiner Realisation ist nach Beck *Maria Stuart* »technisch das vollkommenste, das regelmäßigste, das klassischste Bühnenwerk Schillers«[1]. Sprachlich ist das Drama in gebundener Rede gestaltet, weitestgehend in der metrischen Ordnung des Blankverses. An besonders wichtigen Stellen wird zusätzlich in Reimen ›lyrisiert‹. So etwa Mortimer im zweiten Aufzug: »Ich selber kann sie retten, ich allein, / Gefahr und Ruhm und auch der Preis sei mein!« (V. 1659f.). Die gebundene Rede ist Schiller für seine wirkungsästhetischen Ideen wichtig, wie er in einem Brief an Goethe formuliert: »Man sollte wirklich alles, was sich über das Gemeine erheben muss, in Versen, wenigstens anfänglich, konzipieren […]. Der Rhythmus leistet bei einer dramatischen Produktion noch dieses Große und Bedeutende, dass er […] den Dichter und seinen Leser nötiget, von allem noch so charakteristisch Verschiedenen etwas Allgemeines, rein Menschliches zu verlangen.«[2]

Die gehobene und gebundene Sprache in Versform ist gleichzeitig auch eines der Merkmale der von Schiller im Sinne der klassischen Idee umgesetzten, aristotelischen Dramenkonzeption, ebenso wie die durchdachte Konzeption der Handlung. Im Mittelpunkt stehen zwei Figuren, die beiden Königinnen, und zwei Handlungsorte, Schloss Fotheringhay, der Aufenthaltsort Maria Stuarts, und der Palast zu Westminster, Regierungssitz Elisabeths. Zeitlich erstreckt sich die Handlung über drei Tage, wobei der Mittelteil, der zweite, dritte und vierte Aufzug an einem einzigen Tag spielen. Es gibt also praktisch keine Zeitsprünge, nur einen, streng choreographierten, Wechsel zwischen zwei Orten und keine Nebenhandlungen. Inhaltlich ist »*Maria Stuart* […] ein analytisches Drama oder ein Enthüllungsdrama«[3], dessen zentrale Ereignisse bereits vor Beginn der gezeigten Geschichte stattgefunden haben, die sich dem Zuschauer dann nach und nach erschließen, durch eine »Anlage, in der die Handlungskette vom Schluss her und weitgehend rückwärts entwickelt wird«[4]. So kann sich die Handlung auf die Spanne zwischen Urteilsspruch und Hinrichtung der Maria Stuart und ihre moralischen Implikationen konzentrieren. Aufgebaut ist das Stück streng symmetrisch: Der erste und fünfte Akt rücken Maria in den Mittelpunkt, im zweiten und vierten steht Elisabeth im Zentrum. Der dritte Akt bringt mit der Begegnung der beiden die Peripetie. Ästhetisch besonders wirkungsvoll erweist es sich, »daß man die Katastrophe gleich in den ersten Scenen sieht, und indem die Handlung des Stücks sich davon wegzubewegen scheint, ihr immer näher und näher geführt wird.«[5] Über das Engagement Mortimers, über Lord Leicesters Doppelspiel und Burleighs Kompromisslosigkeit führen dramatische Wendungen und retardierende Momente in die Katastrophe und damit zur Katharsis: »An der Furcht des Aristoteles fehlt es also nicht und das Mitleiden wird sich auch schon finden«[6], formuliert der Autor im Juni 1799, als er Goethe über den Schreibprozess an *Maria Stuart* berichtet.

1 Adolf Beck, »Schiller. *Maria Stuart*«, in: *Das deutsche Drama. Vom Barock bis zur Gegenwart*, hrsg. von Benno von Wiese, Düsseldorf 1968, S. 307.

2 www.friedrich-schiller-archiv.de/briefwechsel-von-schiller-und-goethe/1797/374-an-goethe-24-november-1797 (Stand: 15.2.2024).

3 Theodor Pelster, *Lektüreschlüssel XL. Friedrich Schiller: Maria Stuart*, Stuttgart 2017, S. 52.

4 Ebd.

5 www.friedrich-schiller-archiv.de/briefwechsel-von-schiller-und-goethe/1799/607-an-goethe-18-juni-1799 (Stand: 15.2.2024).

6 Ebd.

Unterrichtsverlauf

Überblick. Die Schülerinnen und Schüler erkennen die Aktualität des Konflikts von Macht und Recht. Sie untersuchen die sprachlichen Mittel in *Maria Stuart*, analysieren die Dramenstruktur auf der Basis der aristotelischen Poetik und verwenden sie in eigenen Überlegungen zu einem aktuellen Fall, um über deren Wirkung zu reflektieren. Gegebenenfalls treten sie im Anschluss für eine politisch verfolgte Person ein. ! **Verkürzter Verlauf: 7.1 – 7.2 – 7.3**

Phase	Thema	Sozialform	Kompetenzen/Lernziele	Materialien
Voraussetzungen: Kenntnis des gesamten Dramas				
7.1	Einstieg: Politisch Verfolgte heute – eine poetische Korrektur ihrer Geschichte	EA / UG	• Aktualität des Themas wahrnehmen • Sprache als Mittel der Rechtseinforderung schätzen	VORLAGE 7 ➤ S. 45
7.2	Erarbeitung: Eine Verteidigungsrede im Stil Schillers formulieren bzw. eine klassische Dramenkonzeption skizzieren	GA	• Die sprachlichen Mittel in *Maria Stuart* untersuchen • Die Dramenstruktur auf der Basis der aristotelischen Poetik analysieren	ARBEITSBLATT 7a ➤ S. 47 ARBEITSBLATT 7b ➤ S. 48
7.3	Sicherung: Aktualität der erarbeiteten sprachlichen bzw. dramatischen Mittel erörtern	UG	• Sprache und Form des Dramas im modernen Kontext wertschätzen	VORLAGE 7 ➤ S. 45
7.4 fakultativ	Vertiefung: Petition für politisch Verfolgte verfassen	EA	• Appell an Verantwortliche von Menschenrechtsverletzungen richten • Verantwortung übernehmen	

7.1 Einstieg: Politisch Verfolgte heute – eine poetische Korrektur ihrer Geschichte

Unterrichtsschritt. Unter www.amnesty.de, der deutschsprachigen Homepage von Amnesty International, werden laufend aktuelle Beispiele von Menschenrechtsverletzungen gezeigt und die Lesenden aufgefordert, sich für die betroffenen Personen einzusetzen. Die Lernenden suchen auf der Amnesty-Website selbst einen Fall (Link auf VORLAGE 7 ***Politisch Verfolgte heute – eine poetische Korrektur ihrer Geschichte***). Mittels der

EA / UG

VORLAGE 7 ➤ S. 45 Internetzugang

VORLAGE 7

Politisch Verfolgte heute – eine poetische Korrektur ihrer Geschichte

Entdecke den »Schiller in dir«!

1. Wählen Sie auf der Website von Amnesty International einen aktuellen Fall von Menschenrechtsverletzungen aus:

   www.amnesty.de/mitmachen/urgent-actions

2. Überlegen Sie, wie in diesem Fall Macht und Recht in Konflikt miteinander stehen.

Die nächsten Schritte:

- Eine Verteidigungsrede im Stil Schillers formulieren.
- Eine Dramenkonzeption nach Schiller konzipieren, die die Öffentlichkeit bewegt.
- Diskutieren, welche poetischen Mittel Schillers heute noch brauchbar sind und wie man zeitgemäß(er) agieren könnte.

Kampagnen von Amnesty International erkennen die Schülerinnen und Schüler die Aktualität des Konflikts von Macht und Recht und verstehen, wie mit Hilfe von sprachlichen Mitteln Gerechtigkeit eingefordert wird.

Abschließend skizziert die Lehrkraft die nächsten Unterrichtsschritte.

7.2 Erarbeitung: Eine Verteidigungsrede im Stil Schillers formulieren bzw. eine klassische Dramenkonzeption skizzieren

GA

ARBEITSBLATT 7a ➤ S. 47
Lösungshinweise ➤ S. 103
ARBEITSBLATT 7b ➤ S. 48
Lösungshinweise ➤ S. 104
Internetzugang

Unterrichtsschritt. Die Schülerinnen und Schüler analysieren in arbeitsteiliger Gruppenarbeit

- auf ARBEITSBLATT 7a ***Schillers Sprache unter der Lupe*** die Verteidigungsrede, die Maria Stuart im Streitgespräch mit Burleigh am Ende der siebten Szene des ersten Aktes nach Bekanntgabe des Todesurteils hält (Arbeitsaufträge 1–2),
- oder auf ARBEITSBLATT 7b ***Dramenstruktur bei »Maria Stuart«*** die Konzeption des Dramas nach der Poetik des Aristoteles (Arbeitsaufträge 1–4)

und formulieren im Anschluss einen Paralleltext oder ein paralleles Konzept, das auf den aktuellen Fall von Amnesty International passt (jeweils letzter Arbeitsauftrag).

Erläuterungen. ARBEITSBLATT 7a bietet einen Textausschnitt, der inhaltlich gut zur gewählten Thematik passt und sprachlich besonders reichhaltig ist (zur ausführlichen Analyse vgl. Reinhart Leipert, *Friedrich Schiller. Maria Stuart*, München 2000, S. 86 f.). Die Aufgabenstellung nimmt die Lernenden an die Hand und lenkt den Blick gezielt auf einige wesentliche Stilmittel.

ARBEITSBLATT 7b gibt die Struktur des Dramas bereits graphisch wieder, inhaltlich orientiert sich die Lösung an der Darstellung Theodor Pelsters (vgl. *Lektüreschlüssel XL. Friedrich Schiller: »Maria Stuart«*, Stuttgart 2017, S. 49). Neben dem symmetrischen Aufbau sollte vor allem der Begriff der »Katharsis« herausgearbeitet werden.

7.3 Sicherung: Aktualität der erarbeiteten sprachlichen bzw. dramatischen Mittel erörtern

UG

VORLAGE 7 ➤ S. 45

Unterrichtsschritt. Die Lernenden tragen die Ergebnisse der Aktualisierungen (Verteidigungsrede und Dramenkonzept für die Gegenwart) vor. Sie haben dann die Gelegenheit, die sprachliche Distanz des gehobenen Schiller'schen Stils und ihrer Alltagssprache zu formulieren. Im Anschluss reflektieren sie über die Wirkung um 1800 und heute und überlegen, wie man das Anliegen zeitgemäß(er) formulieren könnte. Gegebenenfalls ziehen sie dazu die »Tipps zum Briefeschreiben« von Amnesty International (www.amnesty.de/mitmachen/tipps-zum-briefeschreiben, Stand: 23. 2. 2024) mit heran. Ebenso überlegen sie, wie es ihnen gelungen ist, das symmetrische Gebilde des klassischen Dramas nachzuahmen, und ob und auf welche Weise eine Idee der »Katharsis« für das Anprangern von Menschenrechtsverletzungen heute noch wirksam wäre.

Erläuterungen. Beim Nachformulieren (im Sinne eines handlungs- und produktionsorientierten Literaturunterrichts) wird die Kunstfertigkeit ebenso wie die Künstlichkeit des Textes schnell deutlich. Ziel ist es zunächst, dass die Schülerinnen und Schüler die Sprachkunst Schillers wertschätzend wahrnehmen. Ebenso sollen sich aber auch diejenigen, die sich mit diesem Sprachstil schwertun, ernst genommen werden. Auch die hohe Künstlichkeit der Dramenkonzeption wirkt mitunter hermetisch und kann durchaus kritisch gesehen werden, ebenso wie die Frage, ob der Mensch, gerührt durch Furcht und Mitleid, tatsächlich für die gute Sache aktiv werden würde. (Eine Anbindung an Brechts episches Theater wäre hier durchaus denkbar, wenn dieses schon bekannt ist.)

Die Überlegungen, mit welchen sprachlichen Mitteln man sich wirksam für eine betroffene Person einsetzen könnte, können dann sowohl stilistisch als auch medial erfolgen.

7.4 Vertiefung: Petition für politisch Verfolgte verfassen (fakultativ)

EA

Unterrichtsschritt. Interessierte Schülerinnen und Schüler können gemäß der Anleitung bei Amnesty International konkret tätig werden. Dies kann auch als Hausaufgabe erfolgen.

Schillers Sprache unter der Lupe

Im Streitgespräch mit Burleigh am Ende der siebten Szene des ersten Aktes hält Maria nach Bekanntgabe des Todesurteils die ihr bisher verweigerte Verteidigungsrede.

MARIA. Ich bin die Schwache, sie die Mächt'ge – Wohl!
Sie brauche die Gewalt, sie töte mich,
Sie bringe ihrer Sicherheit das Opfer.
Doch sie gestehe dann, dass sie die Macht
Allein, nicht die Gerechtigkeit geübt.
Nicht vom Gesetze borge sie das Schwert,
Sich der verhassten Feindin zu entladen,
Und kleide nicht in heiliges Gewand
Der rohen Stärke blutiges Erkühnen.
Solch Gaukelspiel betrüge nicht die Welt!
Ermorden lassen kann sie mich, nicht richten!
Sie geb es auf, mit des Verbrechens Früchten
Den heil'gen Schein der Tugend zu vereinen,
Und was sie i s t, das wage sie zu scheinen!

Maria Stuart, Reclam XL, V. 961–974.

Arbeitsaufträge:

1. Untersuchen Sie folgende Aspekte:
   - Beschreiben Sie die Sprachebene.
   - Unterstreichen Sie betonte Silben und charakterisieren Sie das Metrum.
   - Bestimmen Sie folgende Stilmittel:
     Antithese
     Parallelismus
     Chiasmus
     Metapher
     Klimax
     Inversion
   - Markieren Sie Stellen, an denen Schiller »lyrisiert«, d. h. der Text sich reimt.
2. Welche Wirkung(en) erzielen diese sprachlichen Mittel?
3. Formulieren Sie eine Verteidigungsrede im Stil Schillers für ______________________________.

ARBEITSBLATT 7b

Dramenstruktur bei *Maria Stuart*

Friedrich Schiller orientiert sich bei der Konzeption seines Dramas *Maria Stuart* an der Poetik des Aristoteles.

1. Informieren Sie sich über das aristotelische Drama im Internet, z. B. unter https://wortwuchs.net/drama/#aristotelisches_drama. Sie können aber auch andere Websites heranziehen.
2. Tragen Sie in das Schema unten die Fachbegriffe der »Spannungspyramide« ein und ordnen Sie die Handlung aus *Maria Stuart* zu.
3. Beschäftigen Sie sich mit den »drei Einheiten« und überlegen sie, wie diese im Drama realisiert werden:
   - Einheit der Zeit:
   - Einheit der Handlung:
   - Einheit des Ortes:
4. Die angestrebte Wirkung ist die »Katharsis«. Informieren Sie sich im Internet zu diesem Begriff. Überlegen Sie:
   - Wie will Schiller dies in *Maria Stuart* bewirken?
   - Hat das bei Ihnen persönlich funktioniert?
5. Skizzieren Sie eine Dramenkonzept im Stil Schillers für ______________________________.

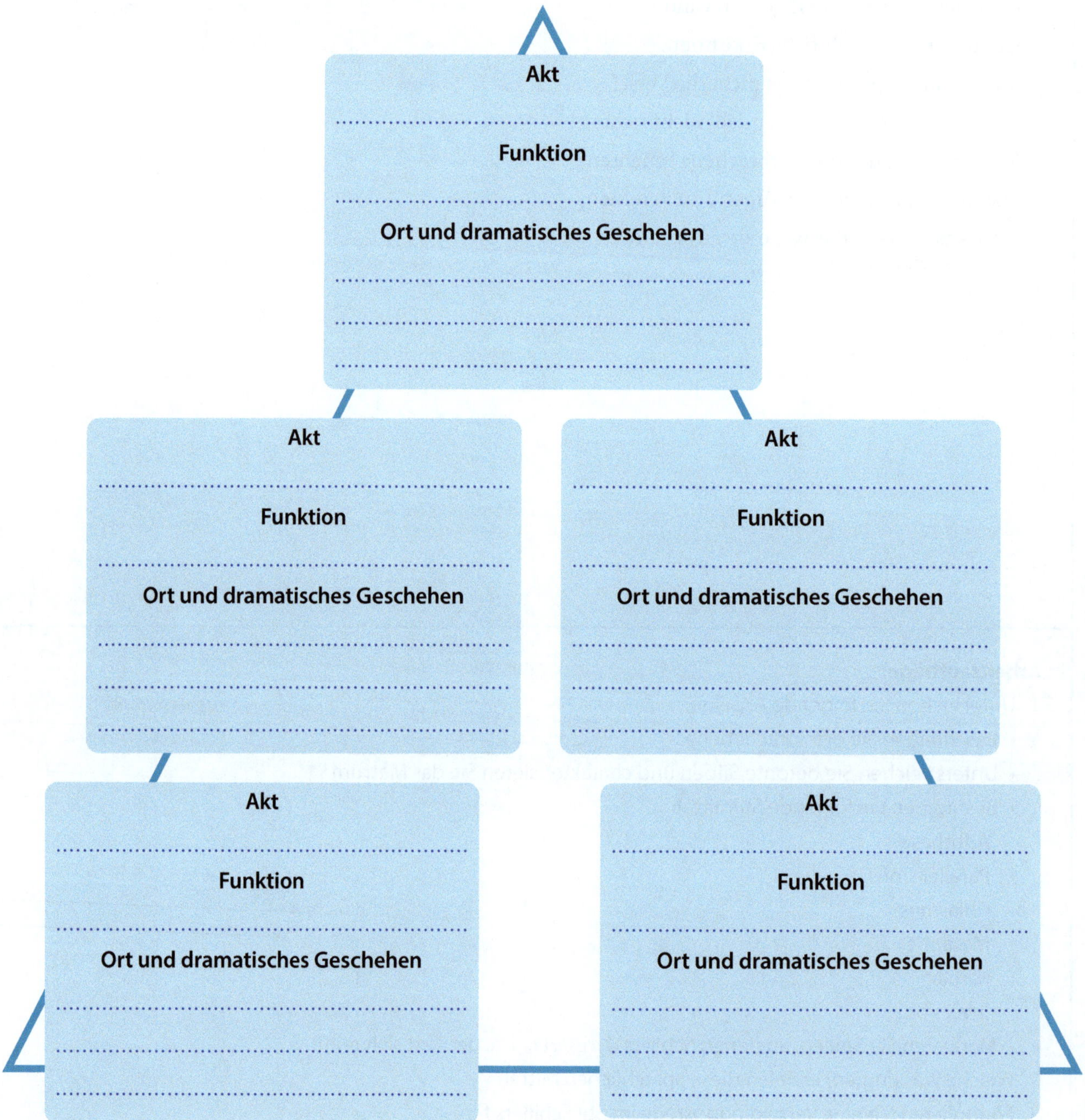

8 Im Gespräch: Begegnung mit Friedrich Schiller
Seine Biografie kennenlernen

Sachanalyse

Am 10. November 1759 wird Friedrich Schiller als Sohn des Offiziers und Wundarztes Johann Kaspar Schiller und dessen Ehefrau Elisabeth Dorothea in Marbach am Neckar geboren. 1766 zieht die Familie nach Ludwigsburg, wo der Vater als Arzt im Regiment von Herzog Carl Eugen von Württemberg dient und Friedrich zunächst die Lateinschule besucht. Bereits mit dreizehn Jahren verfasst er erste Theaterstücke.

1773 tritt er auf herzoglichen Befehl in die Karlsschule, damals als »Militärische Pflanzschule« bezeichnet, ein. Sein Vater stimmt 1774 der Regelung zu, dass Friedrich der Verfügungsgewalt des Herzogs übereignet wird. Zunächst wird er Jura studieren, 1776 beginnt er dann mit einem Medizinstudium, das er im Dezember 1780 mit der Veröffentlichung seines zweiten Dissertationsentwurfs (ein erster war abgelehnt worden) beendet. Es folgt eine Anstellung als Regimentsarzt in Stuttgart.

Geprägt wurde Friedrich Schiller von der Atmosphäre der Militärakademie: Die Zöglinge leben unter strengstem militärischem Drill, es gibt kaum Urlaub oder Freistunden und die Eltern dürfen den Sohn nur auf einen begründeten Antrag hin besuchen. Einen Ausweg findet der junge Mann in Literatur und Philosophie: Er liest – verbotenerweise – u.a. Rousseau, Shakespeare und Klopstock. 1776 wird erstmals ein Gedicht von ihm, *Der Abend*, veröffentlicht. 1777 beginnt er heimlich an dem Drama *Die Räuber* zu schreiben, mit dem er sich explizit in die Gruppe der »Stürmer und Dränger« einreiht. Am 13. Januar 1782 wird es am Mannheimer Hof- und Nationaltheater uraufgeführt. Als Friedrich Schiller ohne genehmigten Urlaub mehrmals nach Mannheim reist, kommt es zum Konflikt mit Herzog Carl Eugen, der zwei Wochen Arrest anordnet und weitere schriftstellerische Tätigkeiten untersagt. Friedrich lässt seine Laufbahn beim Militär hinter sich und flieht mit einem Freund, dem Musiker Andreas Streicher, in der zunächst vergeblichen Hoffnung, eine Stelle als Hausautor am Mannheimer Hoftheater zu bekommen. Nach kurzen Aufenthalten in Mannheim, Frankfurt und Oggersheim kann er schließlich eine Zeitlang bei der Mutter eines Studienfreundes im thüringischen Bauerbach bleiben, bis ihm im Juli 1783 in Mannheim eine einjährige Stellung als Theaterautor angeboten wird.

Diese wird jedoch nicht verlängert. Trotz einer Ernennung zum »Weimarischen Hofrat« (als reiner Titel ohne finanziellen Nutzen) durch Herzog Carl August von Sachsen-Weimar ist Friedrich Schiller Anfang 1785 stellenlos und hochverschuldet. Im April dieses Jahres trifft er jedoch auf Christian Gottfried Körner, der sich von dem Stück *Kabale und Liebe*, uraufgeführt 1784, besonders angesprochen fühlt und ihn unterstützt. 1787 reist Schiller dann nach Weimar, wo er auf Herder, Wieland und die Familie Lengefeld trifft, in die er drei Jahre später einheiratet.

Der erste intensivere persönliche Kontakt mit Goethe findet am 7. September 1788 statt, nachdem dieser von seiner Italienreise zurückgekehrt ist. Goethe schlägt Friedrich Schiller für eine Professur in Jena vor, wo dieser sich intensiv dem Studium historischer Stoffe widmet. Seine Antrittsvorlesung unter dem Titel *Was heißt und zu welchem Ende studiert man Universalgeschichte?* findet dort großen Anklang.

Das Jahr 1794 wird heute als die Geburtsstunde der Weimarer Klassik gesehen, in der Begegnung von Schiller und Goethe anlässlich eines Vortrags der »Naturforschenden Gesellschaft«, in deren Folge eine lebhafte Diskussion der beiden Anlass für den jahrelangen inspirierenden Briefwechsel gibt. In diesem Zuge lädt Goethe Schiller zur Zusammenarbeit ein, in der neuen Zeitschrift *Die Horen*, im *Musenalmanach für das Jahr 1797* und dem *Balladenalmanach 1798*. Auch am Schreibprozess um den *Wallenstein*, *Maria Stuart*, der *Jungfrau von Orleans* und *Wilhelm Tell* nimmt Goethe regen Anteil.

Getrübt wird Friedrich Schillers Leben durch seine schwächliche Gesundheit: Bereits 1784 erkrankt er schwer an Malaria. 1791 folgt dann eine weitere schwere Erkrankung, vermutlich Tuberkulose, von der er sich nicht mehr vollständig erholt. Infolge einer akuten Lungenentzündung mündet diese dann 1805 in den Tod. Er stirbt als anerkannter, berühmter Dichter seiner Zeit, 1792 von der französischen Nationalversammlung für seine Verdienste um Freiheit und Humanität zum französischen Ehrenbürger ernannt und mit der französischen Staatsbürgerschaft versehen, 1802 von Herzog Carl August in den Adelsstand erhoben.

Unterrichtsverlauf

Überblick. Die Schülerinnen und Schüler gestalten ein Quiz zur Person Friedrich Schiller. Dazu eignen sie sich seinen Lebenslauf im Personenspiel an und bewerten vor diesem Hintergrund Details zu seinem Leben.

Phase	Thema	Sozialform	Kompetenzen/Lernziele	Materialien
Voraussetzungen: keine				
8.1	Einstieg: Interesse am Autor des Stücks gewinnen	UG	• Sich anhand eines Schillerdenkmals Gedanken über Friedrich Schiller machen	ARBEITSBLATT 8a ➤ S. 52–54
8.2	Erarbeitung: Einen tabellarischen Lebenslauf in eine persönliche Erzählung umwandeln	EA / PA	• Biografische Eckdaten zu Schiller kennenlernen	ARBEITSBLATT 8a ➤ S. 52–54
8.3	Sicherung: Die persönlichen Erzählungen vergleichend würdigen	UG	• Sich zentrale Aspekte von Schillers Leben im Perspektivwechsel aneignen	
8.4	Vertiefung: Im Quiz Anekdoten der Person Friedrich Schiller zuordnen	UG	• Detailwissen zur Person Friedrich Schiller erwerben	ARBEITSBLATT 8a ➤ S. 52–54 ARBEITSBLATT 8b ➤ S. 55 f.

8.1 Einstieg: Interesse am Autor des Stücks gewinnen

UG

ARBEITSBLATT 8a ➤ S. 52–54 Internetzugang

Unterrichtsschritt. Die Lernenden betrachten das Bild des Denkmals (Goethe-Schiller-Denkmal in Weimar, hier: nur Schiller) entweder direkt auf ARBEITSBLATT 8a ***Echt jetzt? – das Promiquiz*** oder präsentiert über Tafel bzw. Smartboard. Sie kommen über Friedrich Schiller ins Gespräch und äußern gegebenenfalls Vorwissen.

8.2 Erarbeitung: Einen tabellarischen Lebenslauf in eine persönliche Erzählung umwandeln

EA / PA

ARBEITSBLATT 8a ➤ S. 52–54 Internetzugang

Unterrichtsschritt. Bei einem fiktiven historischen Theaterbesuch soll Friedrich Schiller in einem kurzen Gastauftritt sich selbst vorstellen. Die Schülerinnen und Schüler informieren sich auf ARBEITSBLATT 8a über den Autor, legen sich zurecht, was sie sagen möchten, machen sich Stichworte dazu und spielen in Partnerarbeit Friedrich Schiller, der aus seinem Leben erzählt.

Erläuterungen. Auf ARBEITSBLATT 8a findet sich ein tabellarischer Lebenslauf (auch in der Ausgabe Reclam XL, S. 165–167). Man sollte im Arbeitsauftrag darauf hinweisen, dass dieser nicht einfach nacherzählt werden soll, sondern dass »Friedrich Schiller« lebendig aus seinem Leben erzählt.

Möchte man die Aufgabe ausweiten, kann man die Möglichkeit eröffnen, im Internet weitere Details über den Autor zu erforschen. Es ist auch gut denkbar, dass der eine Partner den anderen mit dem Handy oder Tablet aufnimmt (Datenschutz beachten).

Hinweis: Diese Aufgabe könnte auch als vorbereitende Hausaufgabe gegeben werden.

8.3 Sicherung: Die persönlichen Erzählungen vergleichend würdigen

UG

Unterrichtsschritt. Die Schülerinnen und Schüler sehen sich ausgewählte Darstellungen an und besprechen, welche besonders gut gelungen sind.

Leitfragen:
- Ist die Darbietung informativ? Wie viel Wichtiges erfährt man über Friedrich Schillers Leben?
- Wirkt sie authentisch, kann man sich Schiller wirklich so vorstellen?
- Sind Details, die evtl. dazu erfunden wurden, glaubwürdig?
- Entspricht die Aufführung üblichen Vorstellungen, bei denen Personen sich vorstellen?
- Sind verbale und nonverbale Details gelungen: Verständlichkeit in Aussprache und Satzbau, direkte Ansprache des Publikums, Mimik und Gestik usw.

Erläuterungen. Zwei bis vier »Auftritte« werden gemeinsam in der Klasse betrachtet, entweder als Theateraufführung live oder als Handy/Tablet-Aufzeichnung am Smartboard. Die Darbietungen werden wertschätzend besprochen.

8.4 Vertiefung: Im Quiz Anekdoten der Person Friedrich Schiller zuordnen

Unterrichtsschritt. Die Informationen auf ARBEITSBLATT 8b ***Echt jetzt – was war wirklich so?*** werden in der Klasse vorgestellt, und es wird von der Lerngruppe in der Tabelle auf ARBEITSBLATT 8a eingetragen, ob sie in Bezug auf Friedrich Schiller wahr oder falsch sind.

UG

ARBEITSBLATT 8a
➤ S. 52–54
ARBEITSBLATT 8b
➤ S. 55 f.

Erläuterungen. Ein Mitglied der Lerngruppe übernimmt das Quiz als Moderator. Er/sie stellt unter dem Motto »Echt jetzt?« Anekdoten vor (ARBEITSBLATT 8b), und die Schülerinnen und Schüler müssen individuell entscheiden, ob die Anekdote wahr oder falsch ist, und ihre Lösung auf ARBEITSBLATT 8a eintragen. Dann wird die Quizfrage vom Moderator jeweils aufgelöst. Am Schluss wird ausgewertet, wer die meisten richtigen Antworten hat. Möchte man diesen Teil vertiefen, könnte man auch eine Gruppe von Lernenden nach vorne zum Moderator setzen, die vor der Entscheidung der Klasse die Anekdote humoristisch bewerten (und dabei evtl. auf die bereits bekannten Fakten der Schiller-Biografie Bezug nehmen), wie in der früheren Fernsehshow »Genial oder Daneben?«.

ARBEITSBLATT 8a (Seite 1 von 3)

Echt jetzt? – das Promiquiz

Heute zu Gast im Studio: Friedrich Schiller

Foto: Martin Kraft / CC BY-SA 3.0 via Wikimedia Commons

1. Vorstellung der Person

Lebenslauf von Friedrich Schiller

1759 Johann Friedrich Schiller wird am 10. November in Marbach am Neckar als zweites Kind von Johann Kaspar Schiller (1723–1796), Offizier in herzoglich württembergischen Diensten, und Elisabeth Dorothea geb. Kodweiß (1732–1802) geboren.

1765 besucht er in Lorch die Dorfschule und erhält beim Dorfpfarrer Lateinunterricht.

1766 Umzug der Familie nach Ludwigsburg.

1767–72 Besuch der Ludwigsburger Lateinschule.

1772 Schiller schreibt die ersten (verlorengegangenen) Trauerspielversuche *Die Christen* und *Absalom*.

1773 Eintritt auf Anordnung von Herzog Carl Eugen in die Karlsschule, die »militärische Pflanzschule«, die Carl Eugen gegründet hatte; Schiller soll sich auf eine militärische Laufbahn vorbereiten.

1774–80 Beginn eines Jurastudiums, Wechsel nach einem Jahr zum Medizinstudium, das er 1780 abschließt.

1776 Obwohl schöngeistige Literatur in der Akademie verboten ist, liest Schiller unter anderem Shakespeare, Rousseau, Klopstock. Sein erstes Gedicht, »Der Abend«, wird veröffentlicht.

ab 1777 arbeitet er heimlich an dem Drama *Die Räuber*.

1781 Schiller vollendet das Drama *Die Räuber*, lässt es auf eigene Kosten drucken und verschuldet sich.

1782 13. Januar: umjubelte Uraufführung der *Räuber* im Hof- und Nationaltheater in Mannheim. Schiller ist ohne Erlaubnis des Herzogs zum Besuch der Uraufführung dorthin gereist und wird ernsthaft ermahnt.

Im Frühjahr erscheint die Gedichtsammlung *Anthologie auf das Jahr 1782*, zudem beginnt Schiller mit der Arbeit an den Dramen *Die Verschwörung des Fiesko zu Genua* und *Luise Millerin* (später *Kabale und Liebe*). Als Schiller ein zweites Mal im Mai nach Mannheim fährt, erhält er vierzehn

Tage Arrest, und der Herzog untersagt jegliche schriftstellerische Arbeit. Schillers Bitten, die schriftstellerische Arbeit fortzusetzen, werden abgewiesen.
22. September: Schiller flieht zusammen mit seinem Freund Andreas Streicher aus der Garnison über Frankfurt und Mannheim nach Oggersheim. Nach einem Aufenthalt von sechs Wochen in einem Gasthaus reist Schiller allein nach Bauerbach, südlich von Meiningen, auf das Gut der Henriette von Wolzogen.

1783 Schiller erhält eine Anstellung als Dramaturg und Autor am Mannheimer Theater. *Fiesko* wird aufgeführt; mehr Erfolg hat später das Drama *Kabale und Liebe* (1784). Arbeit am *Don Carlos.*

1784 Schillers Vertrag wird ohne Begründung gekündigt. Schillers Schulden sind erheblich. Am 2. Dezember liest er in Darmstadt den ersten Akt von *Don Carlos* vor – in Gegenwart von Herzog Carl August von Weimar. Am 27. Dezember verleiht Carl August Schiller den Titel eines Rates.

1785–87 Aufenthalte in Leipzig und Dresden.

1787–88 Uraufführung des *Don Carlos*. Aufenthalt in Weimar, Bekanntschaft unter anderem mit Charlotte von Kalb, Wieland, Herder, Familie von Lengefeld. Arbeit an der *Geschichte des Abfalls der vereinigten Niederlande von der Spanischen Regierung*, die im Herbst erscheint.

1788 7. September: erste Begegnung mit Goethe, der im Juni aus Italien zurückgekehrt ist.
15. Dezember: Berufung zum außerordentlichen Professor für Geschichte nach Jena.

1789 Im Mai siedelt Schiller nach Jena über und hält am 26. Mai seine erste Vorlesung: *Was heißt und zu welchem Ende studiert man Universalgeschichte?* Verlobung mit Charlotte von Lengefeld.

1790 Schiller erhält den Titel eines Hofrats. Am 22. Februar heiratet er Charlotte von Lengefeld.

1791 Schwere Erkrankung Schillers, von der er sich nie wieder richtig erholt.

1792 Die französische Nationalversammlung verleiht ihm das französische Bürgerrecht für die *Räuber*; allerdings verabscheut Schiller die Schreckensherrschaft der Jakobiner. Arbeit am *Wallenstein.*

1792–93 Schiller erhält seit 1791 eine dreijährige Pension vom Erbprinzen Christian Friedrich von Schleswig-Holstein-Augustenburg, die ihm weitere Studien philosophischer und ästhetischer Werke, unter anderem der Hauptwerke Kants, ermöglicht. Früchte dieser Studien sind *Über Anmut und Würde* (1793), *Über die Tragische Kunst* (1792); zudem vollendet er 1792 die *Geschichte des Dreißigjährigen Kriegs.*
Geburt des ersten Sohnes Karl Ludwig Friedrich am 14. September 1793.

1794 Es entwickelt sich ein verstärkter Kontakt mit Goethe. Dieser sagt die Mitarbeit an der Monatszeitschrift *Die Horen* zu.

1795 *Die Horen* erscheinen zum ersten Mal. Die erste Nummer enthält Schillers Briefe *Über die ästhetische Erziehung des Menschen.*

1796–1800 Schiller gibt die Literaturzeitschrift *Musen-Almanach* heraus, an der unter anderem Goethe, Herder, Tieck, Hölderlin, August Wilhelm Schlegel mitarbeiten.

1796 Das Drama *Wallenstein* entsteht.
Am 11. Juli Geburt des zweiten Sohnes Ernst Friedrich Wilhelm.

1797 Sogenanntes Balladenjahr, in dem viele Balladen Goethes und Schillers entstehen.

1799 *Wallenstein*-Trilogie beendet; Arbeit an *Maria Stuart.*
Am 11. Oktober Geburt der Tochter Karoline Henriette Luise.
Im Dezember zieht Schiller nach Weimar und bleibt bis zu seinem Tod.

1800 Im Juni beendet Schiller *Maria Stuart*; die Uraufführung findet am 14. Juni 1800 in Weimar statt.

1801 Uraufführung der *Jungfrau von Orleans.*

1804 Uraufführung des *Wilhelm Tell.*

1805 Schiller stirbt am 9. Mai in Weimar.

Friedrich Schiller: Maria Stuart. Hrsg. von Wolf Dieter Hellberg. Stuttgart: Reclam, 2021 [u. ö.]. S. 165–167.

Weitere Details zu Friedrich Schillers Leben finden Sie im Internet.

2. Das Promiquiz

Frage	1	2	3	4	5	6	7	8	9	10	11	12	13	14	15
wahr															
falsch															

Arbeitsaufträge:

1. Friedrich Schiller stellt sich dem Publikum selbst vor. Spielen Sie diese Vorstellung. Überlegen Sie dazu:
   - Wie tritt er als Autor des in der Theatervorstellung zuvor gezeigten Dramas auf?
   - Sicher wird er nicht seinen ganzen Lebenslauf erzählen wollen – was ist ihm so wichtig, dass er darüber spricht?
2. Spielen Sie das Promiquiz.

ARBEITSBLATT 8b (Seite 1 von 2)

Echt jetzt – was war wirklich so?

1. Mein Vater war Arzt, wie ich später auch. Er hat die Wundarztkunst bei einem Barbier, also einem Herrenfrisör, gelernt.
   Wahr.
2. Ich war als Kind sehr robust und anziehend, genau wie mein Vater.
   Friedrich war von Anfang an kränklich und litt unter Krämpfen, dazu wenig ansehnlich, sehr blass mit roten Haaren und meist rötlich entzündeten Augen, vom Gesichtsschnitt kam er eher seiner Mutter nach.
3. Ich ging schon mit fünf Jahren auf die Dorfschule und lernte bereits ein Jahr später beim Dorfpfarrer Latein und etwas Altgriechisch.
   Wahr.
4. Mein Vater war ganz begeistert, als Herzog Carl Eugen befahl, dass ich seine »Militärpflanzschule« besuchen sollte.
   Der Vater musste dem Befehl zustimmen, hat sich aber anderthalb Jahre geweigert, ein Dokument zu unterschreiben, dass die Eltern den Sohn freiwillig übergeben haben.
5. In der Militärpflanzschule wurden wir den ganzen Tag geschurigelt und überwacht, der Herzog selbst schlich durch die Korridore, spähte durch Gucklöcher, die in allen Türen waren, und verhängte persönlich die Strafen für uns.
   Wahr.
6. Ich bekam nie Urlaub oder Ferien, zwei meiner Schwestern – die eine starb kurz nach der Geburt, die andere mit sechs Jahren – habe ich nie gesehen.
   Wahr.
7. Ich wollte gerne katholische Theologie studieren, aber dann lernte ich ein Mädchen kennen und wollte doch lieber heiraten.
   Friedrich wollte evangelische Theologie studieren, aber der Herzog bestimmte zuerst, dass er Jura, später, dass er Medizin studieren musste.
8. Als Medizinstudent musste ich einen Mitschüler, der gerade gestorben war, obduzieren.
   Wahr.
9. Bei der Uraufführung meines Stückes *Die Räuber* jubelten die Zuschauer von Anfang an.
   Das Publikum verfolgt die ersten beiden Akte schweigend, erst im dritten Akt, als der Räuberhauptmann Moor als Rächer im Schloss seiner Väter erscheint, tobt der Zuschauerraum, »das Theater glich einem Irrenhaus«.
10. Als ich mehrmals ohne genehmigten Urlaub nach Mannheim reiste, ordnete Herzog Carl Eugen zwei Wochen Arrest an, und ich fliehe mit einem Freund. Bei der Flucht bringe ich zwei Pistolen mit und es gab einen Schusswechsel.
    Beide Pistolen waren kaputt, bei der einen war das Schloss zerbrochen, die andere hatte keinen Feuerstein.
11. Als ich meine spätere Frau, Charlotte von Lengefeld, kennenlernte, war ich sofort in sie verliebt, und wir hatten bald eine große Hochzeit.
    Friedrich war sowohl in Charlotte als auch – gleichzeitig – in ihre Schwester verliebt. Er heiratete Charlotte abends um halb sechs in einer Dorfkirche, nur mit ihrer Mutter und Schwester als Trauzeugen. Im Anschluss tranken sie Tee.
12. Von Goethe habe ich zum ersten Mal gehört, als ich 1787 nach Weimar kam.
    Friedrich hat bereits während des Studiums »Die Leiden des jungen Werther« gelesen.

13. Meine Frau hat Goethe erzählt, dass ich beim Dichten in meiner Schublade immer einige faulige Äpfel liegen habe, weil mich der Geruch inspiriert.
Wahr.
14. 1799 ziehe ich mit Frau und Kindern nach Weimar, wo ich bis zu meinem Tod bleiben werde. Ich richte mir oben unterm Dach ein Mansardenzimmer ein, wo ich zum Dichten ungestört bleibe.
Wahr.
15. Ich werde in aller Stille in einem Massengrab beigesetzt, im Totenregister stehe ich mit falschem Vornamen. Mein Schädel wird später wieder ausgegraben werden.
Wahr.

Quelle: Johannes Lehmann: Unser armer Schiller. Eine respektlose Annäherung. Tübingen: Silberburg Verlag, 2000.

9 Wie kommt der Mann auf die Idee? Ein Interview mit dem Autor Den ideengeschichtlichen Hintergrund des Trauerspiels erfahren

Sachanalyse

Es ist naheliegend, Friedrich Schillers intensive Auseinandersetzung mit der Idee der menschlichen Freiheit aus seiner Biografie herzuleiten, in der die extreme Erfahrung von äußerem Zwang prägend war. Gleichzeitig sind seine ästhetische Theorie und poetische Praxis auch eine Antwort auf die gesellschaftlichen Umbrüche seiner Zeit, wie sie sich insbesondere in der Französischen Revolution widerspiegeln, der er in der Idee nahesteht, deren Umsetzung er aber kritisch sieht, da diese beweise, »daß das Menschengeschlecht der vormundschaftlichen Gewalt noch nicht entwachsen ist [...] und [...] noch nicht reif ist zur bürgerlichen Freiheit, [wenn] noch so vieles zur menschlichen fehlt.«[1]

Die Willensfreiheit der Königinnen ist ein zentrales Motiv im Drama *Maria Stuart*, das in dieser Hinsicht als klassisches Ideendrama gelesen werden kann. Auch weitere moralphilosophische und ästhetische Aspekte seiner theoretischen Schriften finden hier eine praktische Umsetzung. Besonders zu nennen sind *Über die tragische Kunst* von 1792, *Über das Pathetische* (1793) und *Über das Erhabene* (1794), sowie *Über die ästhetische Erziehung des Menschen* (1795). Eine Grundlage für diese Texte ist Schillers intensive Auseinandersetzung mit Kant ab 1791, besonders mit dessen im Vorjahr erschienenen Schrift *Kritik der Urteilskraft*. Inspirierend für ihn ist Kants Theorie des Erhabenen, wobei er für ein Primat der Ästhetik eintritt. »Deshalb soll an die Stelle der ›einseitigen moralischen Schätzung‹, die den Menschen nur als Vernunftwesen begreift, eine ›vollständige anthropologische Schätzung‹ treten, die [...] auch die sinnliche Seite des Menschen berücksichtigt. Das philosophische Ideal eines moralischen Menschen soll durch das Ideal des *ganzen Menschen* [...] abgelöst werden, der zwischen Natur und Freiheit steht und beide Seiten in sich so ausgebildet hat, dass sie sich in einem Gleichgewicht befinden.«[2] Dies gelingt Maria Stuart in ihrer Todesstunde: Sie, die ihre weibliche Seite gelebt hat, löst sich von ihren inneren Zwängen und unterwirft sich dem ungerechtfertigten Urteilsspruch, indem sie ihn umdeutet, als Gelegenheit, den Mord an ihrem Gatten Darnley, »die frühe schwere Blutschuld abzubüßen« (V. 3736). So stirbt sie im Reinen mit sich selbst und sieht in ihrem Tod einen Akt, wo »die frohe Seele sich / Auf Engelsflügeln schwingt zur ew'gen Freiheit« (V. 3483 f.). Auf diese Weise setzt Schiller seine Forderung über das Pathetische um, dass »der tragische Held [...] sich als empfindendes Wesen bei uns legitimiert haben [muss], ehe wir ihm als Vernunftwesen huldigen und an seine Seelenstärke glauben«.[3] Einen Kontrapunkt dazu setzt Elisabeth, die weder als Herrscherin noch als Frau aus freiem Willen handelt, sondern immer wieder äußere Zwänge ins Feld führt und häufig das Modalverb »müssen« verwendet, das gegen die Idee des freien Menschen steht, denn: »Alle anderen Dinge müssen; der Mensch ist das Wesen, welches will.«[4] Die Vorbildfunktion, die die Heldin Maria einnimmt, zielt darauf, den Zuschauer zu berühren und durch sein Mitleiden die moralische Größe des Menschen vor Augen zu führen. Dieses Ziel rechtfertige es auch, »die historische Wahrheit den Gesetzen der Dichtkunst unterzuordnen«[5] und so eine »poetische Wahrheit«[6] sichtbar zu machen. Im Fokus steht dabei Schillers gesellschaftliche Utopie, die die Ideen der Französischen Revolution mittels einer ästhetischen Erziehung des Menschen in einen idealen ästhetischen Staat der Zukunft überführen will – »den Staat der Noth mit dem Staat der Freyheit«[7] vertauschen.

1 Friedrich Schiller, *Über die ästhetische Erziehung des Menschen in einer Reihe von Briefen. Mit den Augustenburger Briefen*, hrsg. von Klaus L. Berghahn, Stuttgart 2000, S. 137 f.

2 Lars Meier, »Schillers Selbstinszenierung als Kant-Nachfolger«, in: *Schiller im philosophischen Kontext*, hrsg. von Cordula Burtscher und Markus Hien, Würzburg 2011, S. 53.

3 Friedrich Schiller, »Über das Pathetische«, in: *Maria Stuart*, hrsg. von Wolf Dieter Hellberg, Stuttgart 2021, S. 175 f.

4 Ebd.

5 Friedrich Schiller, »Über die tragische Kunst«, in: ebd., S. 172.

6 Ebd., S. 173.

7 Schiller (s. Anm. 1), S. 18.

Unterrichtsverlauf

Überblick. Die Schülerinnen und Schüler konzipieren ein »Interview mit Friedrich Schiller«. Dazu werten sie Auszüge aus Schillers dramentheoretischen Schriften aus und vertiefen so ihr Wissen über den ideengeschichtlichen Hintergrund. ! **Verkürzter Verlauf: 9.1 – 9.2 – 9.3**

Phase	Thema	Sozialform	Kompetenzen/Lernziele	Materialien
Voraussetzungen: keine				
9.1	Einstieg: Autor im Gespräch – ein Theaterkonzept	EA	• Sich über Erfahrungen zu Begegnungen mit Autoren austauschen	VORLAGE 9 ➤ S. 58
9.2	Erarbeitung: Ein Interview mit Friedrich Schiller konzipieren	EA / PA	• Auszüge aus theoretischen Schriften Schillers in eigenen Worten versprachlichen	ARBEITSBLATT 9a ➤ S. 60 ARBEITSBLATT 9b ➤ S. 61–63
9.3	Sicherung: Das Interview mit Friedrich Schiller vergleichend würdigen	PA / UG	• Die Versprachlichung kritisch und wertschätzend wahrnehmen	ARBEITSBLATT 9a ➤ S. 60
9.4 **fakultativ**	Vertiefung: Über den ideengeschichtlichen Hintergrund ins Gespräch kommen	UG	• Eigene Gedanken zu Schillers Dramentheorie austauschen	ARBEITSBLATT 9b ➤ S. 61–63

9.1 Einstieg: Autor im Gespräch – ein Theaterkonzept

EA

VORLAGE 9 ➤ S. 58

Unterrichtsschritt. Viele deutsche Theater bieten Gespräche oder Lesungen mit zeitgenössischen Autoren an. Die Schülerinnen und Schüler erläutern, ob sie mit diesem Angebot bereits Erfahrungen gemacht haben. Sie überlegen sich, angeregt durch VORLAGE 9 ***Autor im Gespräch. Heute: mit Friedrich Schiller***, was wohl Friedrich Schiller seinen Zuschauern gern zusätzlich zu seinem Stück darlegen und was sie persönlich interessieren würde.

VORLAGE 9

Autor im Gespräch
Heute: mit Friedrich Schiller

Wir setzen die Reihe »Autor im Gespräch« in unserem Theater fort. Der heutige Gast: Friedrich Schiller, einer der bedeutendsten deutschen Dichter, der sich intensiv mit der Tragödie auseinandergesetzt hat. Im Mittelpunkt heute: sein großes Drama *Maria Stuart*. Sie sind herzlich zur Diskussion eingeladen!

Friedrich Schiller.
Kupferstich von Johann Gotthard Müller, 1793

9.2 Erarbeitung: Ein Interview mit Friedrich Schiller konzipieren

Unterrichtsschritt. Gemäß den Fragen von ARBEITSBLATT 9a ***Ein Interview mit Friedrich Schiller*** entsteht ein Interview mit Friedrich Schiller. Grundlage dafür sind Auszüge aus Schillers theoretischen Schriften auf ARBEITSBLATT 9b ***Friedrich Schiller: Auszüge aus seinen Schriften***. Statt ARBEITSBLATT 9b können auch die textidentischen Ausschnitte aus der Ausgabe Reclam XL, S. 172–176, genutzt werden.

EA / PA

ARBEITSBLATT 9a
➤ S. 60
Lösungshinweise
➤ S. 105
ARBEITSBLATT 9b
➤ S. 61–63

Erläuterungen. Die Schülerinnen und Schüler entwickeln ein Interview mit Friedrich Schiller entlang der Leitfragen von ARBEITSBLATT 9a, die sie gegebenenfalls auch ergänzen können. Die Antworten entwickeln sie aus Auszügen von Schillers theoretischen Schriften *Über die tragische Kunst* von 1792, *Über das Pathetische* (1793) und *Über das Erhabene* (1794) und transformieren diese in ihre eigene Sprache im *think-pair-share*-Verfahren. (In den Lösungshinweisen sind die relevanten Textpassagen, auf die sich die Lerngruppe beziehen und die sie in eigenen Worten formulieren soll, zur leichteren Kontrolle im Original abgedruckt.)

Think:

1. Sie lesen die Auszüge.
2. Sie erstellen schriftlich Stichpunkte zu den einzelnen Fragen.
3. Sie formulieren die Antworten in ihrer eigenen Sprache.

Pair:

4. Sie tauschen sich in Partnerarbeit über ihre Ergebnisse aus.
5. Sie spielen das Interview in Partnerarbeit vor.
6. Gegebenenfalls nehmen sie sich dabei mit dem Handy oder Tablet auf.

9.3 Sicherung: Das Interview mit Friedrich Schiller vergleichend würdigen

Unterrichtsschritt. Die Lernenden stellen ihre Interviews entweder im Personenspiel oder als Aufzeichnung via Smartboard vor (ARBEITSBLATT 9a) und kommen wertschätzend, aber auch kritisch über die Darbietungen der anderen ins Gespräch.

Gemeinsame Auswertung (*share*) mit Leitfragen für das Gespräch über die Darbietungen:

- Habe ich die Inhalte gut verstanden?
- Beantworten sie wirklich die Fragen?
- Entsprechen sie dem theoretischen Material?
- Werden sie überzeugend präsentiert?

PA / UG

ARBEITSBLATT 9a
➤ S. 60
Lösungshinweise
➤ S. 105

9.4 Vertiefung: Über den ideengeschichtlichen Hintergrund ins Gespräch kommen (fakultativ)

Unterrichtsschritt. Die zentralen Thesen Schillers werden noch einmal aufgegriffen und von den Lernenden persönlich kommentiert und bewertet. Dabei kann auf die Texte auf ARBEITSBLATT 9b bzw. der Ausgabe Reclam XL, S. 172–176, noch einmal direkt Bezug genommen werden.

Die Schülerinnen und Schüler sollen sich mit ihren eigenen Ideen in die Thematik einbringen. Grundsätzlich kann die Frage nach der Freiheit des Menschen und nach der Wirkmacht des Theaters (in vormedialen und in aktuellen Zeiten) gestellt werden.

Konkrete Fragen könnten sein:

- Darf ein Autor in seinem Stück die historische Geschichte wirklich ungeniert verfälschen?
- Macht es die Menschen tatsächlich besser, wenn sie mit erfundenen Figuren mitleiden?
- Gibt es nicht doch Zwänge im Leben, bei denen die Kunst nicht weiterhilft?

Und schließlich:

- Sollte man sich nicht eher auf die praktische Verbesserung von Lebensumständen konzentrieren, statt hochtrabend über Ästhetik und Moral zu schwadronieren?

Wenn mit der Lerngruppe möglich, könnte man auch weitere Schriftsteller oder Literaturepochen, etwa Brecht usw., mit heranziehen.

UG

ARBEITSBLATT 9b
➤ S. 61–63

ARBEITSBLATT 9a

Ein Interview mit Friedrich Schiller

Herr Schiller, ich möchte sie ganz herzlich begrüßen. Schön, dass Sie sich Zeit nehmen, auf die drängendsten Fragen zu Ihrem Drama, *Maria Stuart*, zu antworten. Das Gespräch wird etwa zehn bis fünfzehn Minuten dauern, und ich hoffe, dass Sie auch auf ihre theoretischen Überlegungen zu diesem Drama und zur Tragödie auf der Bühne insgesamt eingehen.

- *Maria Stuart* bezieht sich auf historische Stoffe. Man wirft Ihnen vor, dass Sie es mit der historischen Wahrheit aber nicht so genau nehmen. Wie stehen Sie dazu?
- Sie verwenden in diesem Zusammenhang den Begriff »poetische Wahrheit«. Was soll diese poetische Wahrheit bezwecken?
- Kann der Dichter dann einfach irgendetwas erfinden und als poetische Wahrheit ausgeben?
- Worauf sollte Ihrer Meinung nach die Poesie abzielen?
- Was ist denn nun überhaupt der Zweck der Kunst?
- Warum müssen denn die Helden und Heldinnen in Ihren Dramen immer so leiden?
- Maria Stuart beweist in Ihrem Drama letztlich ihre Seelenstärke. Aber Elisabeth als Königin ist vielfältigen Zwängen unterworfen. Sie zeigen selbst, dass Elisabeth oft gar nicht anders handeln kann und den Weg geht, den sie nach Meinung ihres Volkes und ihres Hofstaats gehen muss. Warum lassen Sie diese Frau dann so grandios scheitern?
- Zu behaupten, dass der Mensch frei sei, ist kühn – letzten Endes muss doch jeder Mensch sterben. Wie lässt sich Ihrer Meinung nach diese Tatsache überwinden?

Vielen Dank für dieses Gespräch.

Friedrich Schiller: Auszüge aus seinen theoretischen Schriften

Aus: »Über die tragische Kunst« (1792):

»Die Tragödie ist viertens poetische Nachahmung einer mitleidswürdigen Handlung, und dadurch wird sie der historischen entgegengesetzt. Das letztere würde sie sein, wenn sie einen historischen Zweck verfolgte, wenn sie darauf ausginge, von geschehenen Dingen und von der Art ihres Geschehens zu unterrichten. In diesem Falle müsste sie sich streng an historische Richtigkeit halten, weil sie einzig nur durch treue Darstellung des wirklich Geschehenen ihre Absicht erreichte. Aber die Tragödie hat einen poetischen Zweck, d. i. sie stellt eine Handlung dar, um zu rühren und durch Rührung zu ergötzen. Behandelt sie also einen gegebenen Stoff nach diesem ihrem Zwecke, so wird sie eben dadurch in der Nachahmung frei; sie erhält Macht, ja Verbindlichkeit, die historische Wahrheit den Gesetzen der Dichtkunst unterzuordnen und den gegebenen Stoff nach ihrem Bedürfnisse zu bearbeiten. Da sie aber ihren Zweck, die Rührung, nur unter der Bedingung der höchsten Übereinstimmung mit den Gesetzen der Natur zu erreichen imstande ist, so steht sie, ihrer historischen Freiheit unbeschadet, unter dem strengen Gesetz der Naturwahrheit, welche man im Gegensatz von der historischen die poetische Wahrheit nennt. So lässt sich begreifen, wie bei strenger Beobachtung der historischen Wahrheit nicht selten die poetische leiden, und umgekehrt bei grober Verletzung der historischen die poetische nur um so mehr gewinnen kann. Da der tragische Dichter, so wie überhaupt jeder Dichter, nur unter dem Gesetz der poetischen Wahrheit steht, so kann die gewissenhafteste Beobachtung der historischen ihn nie von seiner Dichterpflicht lossprechen, nie einer Übertretung der poetischen Wahrheit, nie einem Mangel des Interesse zur Entschuldigung gereichen. Es verrät daher sehr beschränkte Begriffe von der tragischen Kunst, ja von der Dichtkunst überhaupt, den Tragödiendichter vor das Tribunal der Geschichte zu ziehen und Unterricht von demjenigen zu fordern, der sich schon vermöge seines Namens bloß zu Rührung und Ergötzung verbindlich macht. Sogar dann, wenn sich der Dichter selbst durch eine ängstliche Unterwürfigkeit gegen historische Wahrheit seines Künstlervorrechts begeben und der Geschichte eine Gerichtsbarkeit über sein Produkt stillschweigend eingeräumt haben sollte, fordert die Kunst ihn mit allem Rechte vor ihren Richterstuhl […].«

Friedrich Schiller: Vom Pathetischen und Erhabenen. Schriften zur Dramentheorie.
Hrsg. von Klaus L. Berghahn. Stuttgart: Reclam, 2009 [u. ö.]. S. 60 f. [Orthographisch behutsam modernisiert.]

Aus: »Über das Pathetische« (1793):

»Noch mehr wird man sich davon überzeugen, wenn man nachdenkt, wie wenig die poetische Kraft des Eindrucks, den sittliche Charaktere oder Handlungen auf uns machen, von ihrer historischen Realität abhängt. Unser Wohlgefallen an idealischen Charakteren verliert nichts durch die Erinnerung, dass sie poetische Fiktionen sind, denn es ist die poetische, nicht die historische Wahrheit, auf welche alle ästhetische Wirkung sich gründet. Die poetische Wahrheit besteht aber nicht darin, dass etwas wirklich geschehen ist, sondern darin, dass es geschehen konnte, also in der innern Möglichkeit der Sache. Die ästhetische Kraft muss also schon in der vorgestellten Möglichkeit liegen.

Selbst an wirklichen Begebenheiten historischer Personen ist nicht die Existenz, sondern das durch die Existenz kundgewordene Vermögen das Poetische. Der Umstand, dass diese Personen wirklich lebten und dass diese Begebenheiten wirklich erfolgten, kann zwar sehr oft unser Vergnügen vermehren, aber mit einem fremdartigen Zusatz, der dem poetischen Eindruck vielmehr nachteilig als beförderlich ist. Man hat lange geglaubt, der Dichtkunst unsers Vaterlands einen Dienst zu erweisen, wenn man den Dichtern Nationalgegenstände zur Bearbeitung empfahl. Dadurch, hieß es, wurde die griechische Poesie so bemächtigend für das Herz, weil sie einheimische Szenen malte und einheimische Taten verewigte. Es ist nicht zu leugnen, dass die Poesie der Alten, dieses Umstandes halber, Wirkungen leistete, deren die neuere Poesie sich nicht rühmen kann – aber gehörten diese Wirkungen der Kunst und dem Dichter? Wehe dem griechischen Kunstgenie, wenn es vor dem Genius der Neuern nichts weiter als diesen zufälligen Vorteil voraus hätte, und wehe dem griechischen Kunstgeschmack, wenn er durch diese historischen Beziehungen in den Werken seiner Dichter erst hätte gewonnen werden müssen! Nur ein barbarischer Geschmack braucht den Stachel des Privatinteresse, um zu der Schönheit hingelockt zu werden, und nur der Stümper borgt von dem Stoffe eine Kraft, die er in die Form zu legen verzweifelt. Die Poesie soll ihren Weg nicht durch die kalte Region des Gedächtnisses nehmen, soll nie die Gelehrsamkeit zu ihrer Auslegerin, nie den Eigennutz zu ihrem Fürsprecher machen. Sie soll das Herz treffen, weil sie aus dem Herzen floss, und nicht auf den Staatsbürger in dem Menschen, sondern auf den Menschen in dem Staatsbürger zielen.«

Ebd. S. 94 f.

Aus: »Über das Pathetische« (1793):

»Darstellung des Leidens – als bloßen Leidens – ist niemals Zweck der Kunst, aber als Mittel zu ihrem Zweck ist sie derselben äußerst wichtig. Der letzte Zweck der Kunst ist die Darstellung des Übersinnlichen, und die tragische Kunst insbesondere bewerkstelligt dieses dadurch, dass sie uns die moralische Independenz von Naturgesetzen im Zustand des Affekts versinnlicht. Nur der Widerstand, den es gegen die Gewalt der Gefühle äußert, macht das freie Prinzip in uns kenntlich; der Widerstand aber kann nur nach der Stärke des Angriffs geschätzt werden. Soll sich also die Intelligenz im Menschen als eine von der Natur unabhängige Kraft offenbaren, so muss die Natur ihre ganze Macht erst vor unsern Augen bewiesen haben. Das Sinnenwesen muss tief und heftig leiden; Pathos [übertriebene Gefühlserregung] muss da sein, damit das Vernunftwesen seine Unabhängigkeit kundtun und sich handelnd darstellen könne. […]

Man gelangt also zur Darstellung der moralischen Freiheit nur durch die lebendigste Darstellung der leidenden Natur, und der tragische Held muss sich erst als empfindendes Wesen bei uns legitimiert haben, ehe wir ihm als Vernunftwesen huldigen und an seine Seelenstärke glauben.

Pathos ist also die erste und unnachlassliche Forderung an den tragischen Künstler, und es ist ihm erlaubt, die Darstellung des Leidens so weit zu treiben, als es, ohne Nachteil für seinen letzten Zweck, ohne Unterdrückung der moralischen Freiheit, geschehen kann. […]

Das erste Gesetz der tragischen Kunst war Darstellung der leidenden Natur. Das zweite ist Darstellung des moralischen Widerstandes gegen das Leiden. […]

Ebd. S. 69 f., 72.

Aus: »Über das Erhabene« (1801):

»›Kein Mensch muss müssen‹ sagt der Jude Nathan zum Derwisch, und dieses Wort ist in einem weiteren Umfange wahr, als man demselben vielleicht einräumen möchte. Der Wille ist der Geschlechtscharakter des Menschen, und die Vernunft selbst ist nur die ewige Regel desselben. Vernünftig handelt die ganze Natur; sein Prärogativ ist bloß, dass er mit Bewusstsein und Willen vernünftig handelt. Alle andere Dinge müssen; der Mensch ist das Wesen, welches will.

Eben deswegen ist des Menschen nichts so unwürdig, als Gewalt zu erleiden, denn Gewalt hebt ihn auf. Wer sie uns antut, macht uns nichts Geringeres als die Menschheit streitig; wer sie feigerweise erleidet, wirft seine Menschheit hinweg. Aber dieser Anspruch auf absolute Befreiung von allem, was Gewalt ist, scheint ein Wesen vorauszusetzen, welches Macht genug besitzt, jede andere Macht von sich abzutreiben. Findet er sich in einem Wesen, welches im Reich der Kräfte nicht den obersten Rang behauptet, so entsteht daraus ein unglücklicher Widerspruch zwischen dem Trieb und dem Vermögen.

In diesem Falle befindet sich der Mensch. Umgeben von zahllosen Kräften, die alle ihm überlegen sind und den Meister über ihn spielen, macht er durch seine Natur Anspruch, von keiner Gewalt zu erleiden. Durch seinen Verstand zwar steigert er künstlicherweise seine natürlichen Kräfte, und bis auf einen gewissen Punkt gelingt es ihm wirklich, physisch über alles Physische Herr zu werden. Gegen alles, sagt das Sprichwort, gibt es Mittel, nur nicht gegen den Tod. Aber diese einzige Ausnahme, wenn sie das wirklich im strengsten Sinne ist, würde den ganzen Begriff des Menschen aufheben. Nimmermehr kann er das Wesen sein, welches will, wenn es auch nur *einen* Fall gibt, wo er schlechterdings muss, was er nicht will. Dieses einzige Schreckliche, *was er nur muss und nicht will*, wird wie ein Gespenst ihn begleiten und ihn, wie auch wirklich bei den mehresten Menschen der Fall ist, den blinden Schrecknissen der Phantasie zur Beute überliefern; seine gerühmte Freiheit ist absolut nichts, wenn er auch nur in einem einzigen Punkte gebunden ist. Die Kultur soll den Menschen in Freiheit setzen und ihm dazu behilflich sein, seinen ganzen Begriff zu erfüllen. Sie soll ihn also fähig machen, seinen Willen zu behaupten, denn der Mensch ist das Wesen, welches will. […]

Wenn die Natur in ihren schönen organischen Bildungen entweder durch die mangelhafte Individualität des Stoffes oder durch Einwirkung heterogener Kräfte *Gewalt erleidet*, oder wenn sie, in ihren großen und pathetischen Szenen, *Gewalt ausübt* und als eine Macht auf den Menschen wirkt, da sie doch bloß als Objekt der freien Betrachtung ästhetisch werden kann, so ist ihre Nachahmerin, die bildende Kunst, völlig frei, weil sie von ihrem Gegenstand alle zufällige Schranken absondert, und lässt auch das Gemüt des Betrachters frei, weil sie nur den *Schein* und nicht die *Wirklichkeit* nachahmt. Da aber der ganze Zauber des Erhabenen und Schönen nur in dem Schein und nicht in dem Inhalt liegt, so hat die Kunst alle Vorteile der Natur, ohne ihre Fesseln mit ihr zu teilen.«

Ebd. S. 99, 117.

10 Die Weimarer Klassik: Sollte man kennen Das Werk literaturhistorisch einordnen

Sachanalyse

»In Deutschland gilt die ›Weimarer Klassik‹ (im Kernbereich von 1786 bis 1805) als zentrale klassische Epoche innerhalb der europäischen Literatur und als Gipfelepoche der deutschen Literaturgeschichte.«[1] Der genannte »Kernbereich« datiert von Goethes erster Italienreise bis zu Schillers Tod. Teilweise wird der Zeitrahmen jedoch noch enger gefasst und bezieht sich nur auf die Schaffensperiode, in der Schiller und Goethe sich intensiv gegenseitig ausgetauscht haben, dokumentiert durch den Briefwechsel von 1794 bis 1805. Gemeinhin zählen auch Johann Gottfried Herder (1744–1803) und Christoph Martin Wieland (1733–1813) zum »Viergestirn« der Weimarer Klassik, wobei hier neben der räumlichen Nähe keine intensiven persönlichen Beziehungen aller vier zueinander bestanden. Insofern liegt man nicht ganz falsch, wenn man bei der Beschäftigung mit dieser Epoche das »Traumpaar der deutschen Literatur« Goethe und Schiller und dessen »ästhetische Allianz« in den Mittelpunkt rückt.

Wiewohl die vielgerühmte »Dichterfreundschaft« wohl so innig nicht war,[2] hat man sich doch gegenseitig inspiriert, und *Maria Stuart* war definitiv Gegenstand des gemeinsamen literarischen Diskurses, wie u. a. eine Tagebucheintragung Goethes vom 16. Februar 1799 belegt.[3]

Der Begriff »Klassik« findet sich in Hinwendung an Johann Joachim Winckelmanns Antikenrezeption erstmals stiltypologisch 1797 bei Friedrich Schlegel (der die »Classik« dem Romantischen gegenüberstellt) – und der Begriff ist »folgenreich. Ein *scriptor classicus* gehört zu jenen Schriftstellern, deren Werke sich durch richtigen Sprachgebrauch auszeichnen, als mustergültig [...] angesehen werden und von daher kanonisierungsfähig sind.«[4] Er findet erst im Lauf des 19. Jahrhunderts Verwendung, keiner der vier Dichter hat sich selbst als »Klassiker« bezeichnet. Als »richtig« und »mustergültig« gelten den klassischen Autoren die griechisch-römischen antiken Vorbilder, in ihrem »hohe[n] Maß an Objektivität und Ausgewogenheit«[5]. Maßgeblich hat dabei die Rezeption von Winckelmanns Schriften die griechische Antike in den Mittelpunkt gerückt. Zentrale Begriffe sind ihm zufolge Formbewusstsein, Einfachheit, Maß und Harmonie von Körper und Geist – Vollendung und Schönheit sind die Ziele der Kunst, die zu einer Veredelung des Menschen beitragen. Damit geht es um die ästhetische Erziehung des Menschen, die zu den zentralen Idealen wie Humanität, Freiheit und Gerechtigkeit führen soll. Maßgeblich inspiriert sind diese Ideale durch die Aufklärung und in diesem Kontext insbesondere durch Immanuel Kants Schriften, insbesondere *Die Kritik der reinen Vernunft* (1781) und *Die Kritik der Urteilskraft* (1790). Die Begeisterung, dass die Ideen der Aufklärung in der Französischen Revolution in die politische Wirklichkeit umgesetzt werden sollten, führt mit deren Radikalisierung und der Terrorherrschaft der Jakobiner zu einer Hinterfragung der engagierten Emphase des Sturm und Drang, der ein ästhetisches Autonomiekonzept entgegengesetzt wird: »Das Unbeflecktsein der Kunst durch Wirklichkeit sichert ihr ein Widerstandspotenzial gegen Geschichte und Politik.«[6] Die »poetische Wahrheit« der *Maria Stuart* ist die logische Folge, wie auch insgesamt *Maria Stuart* als Ideendrama diese Konzeption veranschaulicht: formal, wie gezeigt, in der strengen, geschlossenen Form und in der gehobenen und gebundenen Sprache; inhaltlich repräsentiert die Figur der Maria Stuart in ihrer Todesstunde die innere Freiheit, die moralisch triumphiert – symbolisch repräsentiert durch die Reinheit ihres weißen Gewands (Szenenanweisung vor V. 3480). Sie verkörpert die »schöne Seele«, bei der »die einzelnen Handlungen eigentlich nicht sittlich [sind], sondern der ganze Charakter ist es«[7].

1 Wilhelm Voßkamp, »Einleitung«, in: *Theorie der Klassik*, hrsg. von W. V., Stuttgart 2009, S. 9 f.

2 Vgl. das Kapitel »Wirklich innige Freundschaft?«, in: Johannes Lehmann, *Unser armer Schiller. Eine respektlose Annäherung*, Tübingen 2000, S. 181–188.

3 *Goethes Werke*, 24. Teil: *Tag- und Jahres-Hefte als Ergänzung meiner sonstigen Bekenntnisse, von 1749 bis 1808*, hrsg. von Heinrich Düntzer, Stuttgart 1887, S. 87.

4 Voßkamp (s. Anm. 1), S. 11.

5 Ebd., S. 12 f.

6 Ebd., S. 17.

7 Friedrich Schiller, »Über Anmut und Würde«, in: F. Sch., *Sämtliche Werke*, Bd. 5, München 1962, S. 467.

Unterrichtsverlauf

Überblick. Die Schülerinnen und Schüler erarbeiten sich selbständig in einem Stationentraining Gattungsmerkmale der Weimarer Klassik und wenden diese auf *Maria Stuart* an. Sie setzen sich fakultativ mit den Inhalten aus aktueller Sicht auseinander. Im gemeinsamen Gespräch verifizieren sie ihre Arbeit. ! **Verkürzter Verlauf: 10.1 – 10.2 – 10.4**

Phase	Thema	Sozialform	Kompetenzen/Lernziele	Materialien
Voraussetzungen: keine				
10.1	Einstieg: Mindmap zum Begriff »Weimarer Klassik«	UG	• Vorwissen aktivieren	TAFELBILD 10 ➤ S. 66
10.2	Stationentraining zur Literaturgeschichte	GA	• Gattungsmerkmale der Weimarer Klassik kennenlernen • Kennzeichen der Weimarer Klassik dem Drama zuordnen	ARBEITSBLATT 10a bis ARBEITSBLATT 10c ➤ S. 67–69 ARBEITSBLATT 10d bis ARBEITSBLATT 10h ➤ S. 70–82
10.3 **fakultativ**	Erweiterung: Aspekte der Weimarer Klassik im aktuellen Kontext reflektieren	GA	• Einen persönlichen Standpunkt aus aktueller Perspektive einnehmen	ARBEITSBLATT 10i ➤ S. 83
10.4	Sicherung: Präsentation des ausgefüllten Stationenhefts	UG	• Arbeitsergebnisse überprüfen und würdigen	ARBEITSBLATT 10a bis ARBEITSBLATT 10c ➤ S. 67–69

10.1 Einstieg: Mindmap zum Begriff »Weimarer Klassik«

Unterrichtsschritt. Die Lernenden assoziieren frei, was sie bereits zur Literaturepoche der Weimarer Klassik wissen und reflektieren, welche Texte der Weimarer Klassik sie im Unterricht schon gelesen haben. Ihre Überlegungen werden in einer Mindmap (TAFELBILD 10) festgehalten.

UG

TAFELBILD 10 ➤ S. 66

10.2 Stationentraining zur Literaturgeschichte

Unterrichtsschritt. Die Schülerinnen und Schüler führen ein Stationentraining durch und erarbeiten sich mit Hilfe von ARBEITSBLATT 10d bis ARBEITSBLATT 10h ***Arbeitsmaterialien für das Stationentraining*** sukzessive Informationen zur Weimarer Klassik, die sie an *Maria Stuart* prüfen. Die Ergebnisse halten sie in ARBEITSBLATT 10a bis ARBEITSBLATT 10c ***Stationenheft*** fest.

GA

ARBEITSBLATT 10a bis ARBEITSBLATT 10c ➤ S. 67–69

Lösungshinweise ➤ S. 106–108

ARBEITSBLATT 10d bis ARBEITSBLATT 10h ➤ S. 70–82

Erläuterungen zum Stationentraining.

Vorbereitung: ARBEITSBLATT 10b wird auf die Rückseite von ARBEITSBLATT 10a kopiert (oder geklebt) und gefaltet, ARBEITSBLATT 10c als Einlegeblatt gefaltet, so dass ein Heft entsteht. Es werden insgesamt fünf Stationen aufgebaut, an denen den Schülerinnen und Schülern jeweils zwei Materialseiten als Arbeitsgrundlage angeboten werden (ARBEITSBLATT 10d bis ARBEITSBLATT 10h). Die Klasse wird in Kleingruppen eingeteilt und auf die Stationen gleichmäßig aufgeteilt.

Durchführung: In einem vorgegebenen Zeitraster (ca. 15 Minuten pro Station) arbeiten die Gruppen jeweils an den einzelnen Stationen. Gemeinsame Arbeit zu den Aufträgen ist erwünscht. Die Lernenden tragen jeweils die Ergebnisse ihrer Arbeit in das Stationenheft ein.

TAFELBILD 10

Weimarer Klassik

- Literaturepoche
- Schiller und Goethe
- um 1800
- Dramen, z. B. *Maria Stuart*
- Antike als Vorbild
- »Edel sei der Mensch, hilfreich und gut!«
- Balladenjahr

Foto: Goethe-und-Schiller-Denkmal in Weimar.

10.3 Erweiterung: Aspekte des Weimarer Klassik im aktuellen Kontext reflektieren (fakultativ)

GA

ARBEITSBLATT 10i
➤ S. 83
Internetzugang

Unterrichtsschritt. Die Schülerinnen und Schüler reflektieren in der Gruppe einzelne Aspekte der Themen des Stationentrainings, zum Teil aus zeitgenössischer und persönlicher Perspektive (ARBEITSBLATT 10i ***Vertiefende Aufgaben***).

Erläuterungen. Auf ARBEITSBLATT 10i findet sich für jede Station ein weiterführender Auftrag. Hinweis: Für einige Stationen wäre ein Internetzugang günstig bzw. notwendig!

Mit den Arbeitsaufträgen kann unterschiedlich umgegangen werden:

a) Differenzierung: Gruppen, die an ihrer Station sehr schnell fertig sind, bekommen den Auftrag auf den Tisch gelegt und arbeiten bis zum Stationenwechsel daran. In der Sicherungsphase kann mündlich auf mögliche Ergebnisse eingegangen werden.
b) Erweiterung: Für das Stationentraining wird deutlich mehr Zeit angesetzt, so dass jede Gruppe jeden Zusatzauftrag vertieft besprechen kann. Dazu wird die Gesamtarbeitszeit auf mindestens zwei Doppelstunden angesetzt. Die gemeinsame Besprechung wird deutlich erweitert.
c) Wechsel der Methode: Die Gruppen arbeiten arbeitsteilig zu je nur einer Station, inklusive Zusatzauftrag. Das Stationenheft wird im Anschluss gemeinsam ausgefüllt, die Zusatzaufträge in der Klasse noch einmal vertieft besprochen.
d) Hausaufgabe: Die Zusatzaufträge werden (arbeitsteilig) als Hausaufgabe gegeben; die Schülergruppen erstellen dazu jeweils eine kleine Präsentation, die sie in der nächsten Stunde vorstellen.

10.4 Sicherung: Präsentation des ausgefüllten Stationenhefts

UG

ARBEITSBLATT 10a bis ARBEITSBLATT 10c
➤ S. 67–69

Unterrichtsschritt. Die Schülerinnen und Schüler stellen ihre Arbeitsergebnisse vor und ergänzen bzw. korrigieren gegebenenfalls ihr Stationenheft. Sie geben einander eine konstruktive Rückmeldung, mit Lob und konkreten Verbesserungsvorschlägen.

ARBEITSBLATT 10a **Stationenheft (1)** (bitte ausschneiden)

Station 5: Werke der Weimarer Klassik:
Epik – Lyrik – Drama

1. *Epik:*
Der Mensch ist dem Menschen das Interessanteste und sollte ihn vielleicht ganz allein interessieren. Alles andere, was uns umgibt, ist entweder nur Element, in dem wir leben, oder Werkzeug, dessen wir uns bedienen.

Werk: ……………………………………

Autor: ……………………………………

Merkmale der Epik: ……………………………………

……………………………………

……………………………………

2. *Lyrik:*
Da fällt von des Altans Rand / Ein Handschuh von schöner Hand

Werk: ……………………………………

Autor: ……………………………………

Merkmale der Lyrik: ……………………………………

……………………………………

……………………………………

3. *Dramatik:*
Du sprichst ein großes Wort gelassen aus.

Werk: ……………………………………

Autor: ……………………………………

Merkmale des Dramas: ……………………………………

……………………………………

……………………………………

4. *Zitat* aus Maria Stuart: ……………………………………

Name: ……………………………………

Stationentraining in 5 Stationen

Die Weimarer Klassik am Beispiel des Dramas *Maria Stuart*

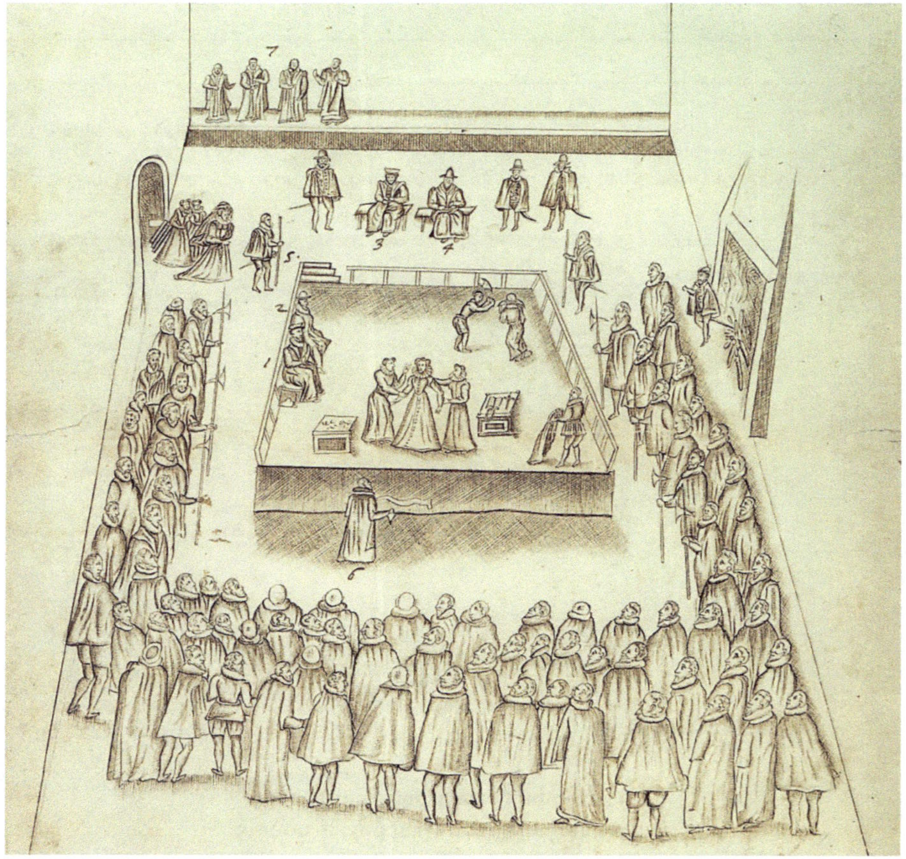

Hinrichtung Maria Stuarts, Zeichnung von Robert Beale, 1587

ARBEITSBLATT 10b **Stationenheft (2)** (bitte ausschneiden)

Station 1: Vertreter der Weimarer Klassik: Das »Viergestirn« Schiller, Goethe, Herder und Wieland

1. *Weimar und die Weimarer Dichter in Friedrich Schillers Lebenslauf:*

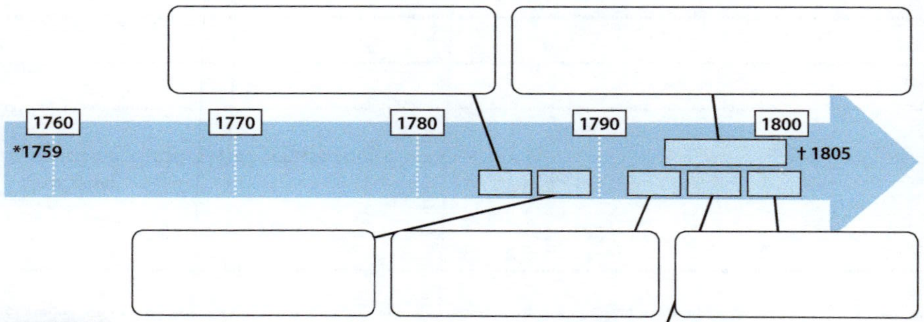

Schiller

2. *Die »Geburtsstunde der Weimarer Klassik« – der Beginn des Briefwechsels zwischen Goethe und Schiller:*

....

....

....

Goethe

3. *Christoph Martin Wieland – der Aufklärer:*

....

....

....

Wieland

4. *Johann Gottfried Herder – der Geschichts- und Kulturphilosoph:*

....

....

....

Herder

Station 4: Merkmale der Weimarer Klassik: Grundlagen, Werte und Ziele

1. *Das Gemälde Tischbeins*

Johann Heinrich Wilhelm Tischbein, 1787

2. *Das Gemälde* Goethe in der römischen Campagna *verdeutlicht verschiedene Aspekte:*

a) *Grundlagen der Weimarer Klassik:*

....

....

....

b) *Werte:*

....

....

....

c) *Ziele:*

....

....

....

ARBEITSBLATT 10c **Stationenheft (3)** (bitte ausschneiden)

Station 2: Hintergründe der Weimarer Klassik: Zeitgeschichtliche Entwicklungen

1. *(Politische) Konstellation in Deutschland Ende des 18. Jahrhunderts:*

....

....

2. *Die Situation in Weimar:*

....

....

....

....

3. *Die Französische Revolution und ihre Folgen*
Die politische Landschaft Europas ist um 1800 stark angeheizt durch die Französische Revolution (1789). Die Dichter der Weimarer Klassik waren zunächst begeistert davon, dass die Ideen der Aufklärung in die politische Wirklichkeit umgesetzt werden. Mit der jakobinischen Schreckensherrschaft unter Robespierre wandelt sich diese Begeisterung:

a) *Zentrale Gedanken aus Goethes »Venezianischen Epigrammen« (1790):*

....

....

b) *Konkretisierung in der Literatur – die Parallelen von Maria Stuart zu Marie Antoinette:*

....

....

....

Hinrichtung Ludwigs XVI. 1793
Anonymer zeitgenössischer Druck.

Station 3: Grundlagen der Weimarer Klassik: Johann Joachim Winckelmann und die Hinwendung zur Antike

1. *Zentrale Begriffe bei der Beschreibung der Laokoon-Gruppe bei Schiller und Goethe:*

....

....

....

....

....

Laokoon-Gruppe. Vatikanische Museen. –
Foto: CC BY-SA 4.0 / Wikipedia/LivioAndronico

2. *Gedanken über die Nachahmung der griechischen Werke in der Malerei und Bildhauerkunst von Johann Joachim Winckelmann (1755)*
1730 bis ca. 1780 war eine zentrale Strömung in der Kunst die Stilrichtung des Rokoko. Zentrale Merkmale waren Leichtigkeit, Eleganz und eine überschwängliche Verwendung von geschwungenen, natürlichen Formen in der Ornamentik.

a) *Winckelmann propagiert die Antike als neues Kunstideal – welche Aspekte rückt er in den Vordergrund?*

....

....

....

b) *In der Schrift formuliert er die Formel, die später zum Schlagwort der Weimarer Klassik werden soll: Kunst soll überzeugen durch*

4. *In welcher Szene verkörpert die Figur der Maria Stuart diese Formel idealtypisch?*

....

....

Station 1

Vertreter der Weimarer Klassik

1. Zeitleiste

Arbeitsauftrag:
Ergänzen Sie anhand von Friedrich Schillers Lebenslauf (vgl. z. B. *Maria Stuart*, Reclam XL, S. 165 ff.) seine Kontakte mit der Stadt Weimar und den dortigen Dichtern Goethe, Herder und Wieland in der Zeitleiste.

2. Die »Geburtsstunde der Weimarer Klassik« – eine zentrale Begegnung von Goethe und Schiller

Links: Porträt Goethes von Joseph Karl Stieler (1781–1858), 1828. Neue Pinakothek, München. – CC BY-SA 4.0
Rechts: Porträt Schillers von Anton Graff (1736–1813), 1786/91. Städtische Gallerie Dresden

Am späten Nachmittag des 20. Juli 1794 nahmen Goethe und Schiller an einer Sitzung der »Naturforschenden Gesellschaft« in Jena teil. Beide waren als Ehrenmitglieder eingeladen. Im Anschluss an die Sitzung kamen die beiden eher zufällig ins Gespräch, das sie auf dem Heimweg und anschließend in Schillers Wohnung fortsetzten. Es war so anregend, dass Goethe davon in einem 1817 veröffentlichten Aufsatz berichtete. Er überschrieb ihn mit dem Titel: »Glückliches Ereignis«:

»Wir gelangten zu seinem Hause, das Gespräch lockte mich hinein; da trug ich die Metamorphose der Pflanzen lebhaft vor, und ließ, mit manchen charakteristischen Federstrichen, eine symbolische Pflanze entstehen. Er vernahm und schaute das alles mit großer Teilnahme, mit entschiedener Fassungskraft; als ich aber geendet, schüttelte er den Kopf und sagte: das ist keine Erfahrung, das ist eine Idee. Ich stutzte, verdrießlich einigermaßen: denn der Punkt der uns trennte, war dadurch aufs strengste bezeichnet. […] der alte Groll wollte sich regen, ich nahm mich aber zusammen und versetzte: ›Das kann mir sehr lieb sein, dass ich Ideen habe, ohne es zu wissen, und sie sogar mit Augen sehe.‹

Schiller, der viel mehr Lebensklugheit und Lebensart hatte als ich und mich auch wegen der ›Horen‹, die er herauszugeben im Begriff stand, mehr anzuziehen als abzustoßen gedachte, erwiderte darauf als ein gebildeter Kantianer; und als aus meinem hartnäckigen Realismus mancher Anlass zu lebhaftem Widerspruch entstand, so ward viel gekämpft und dann Stillstand gemacht; keiner von beiden konnte sich für den Sieger halten, beide hielten sich für unüberwindlich. […] Der erste Schritt war jedoch getan. Schillers Anziehungskraft war groß, er hielt alle fest, die sich ihm näherten; ich nahm teil an seinen Absichten und versprach, zu den ›Horen‹ manches, was bei mir verborgen lag, herzugeben […].«

Zit. nach: Briefwechsel zwischen Goethe und Schiller. Bd. 1. Hrsg. von Heinz Amelung. Berlin 1829. S. VIII f.

Arbeitsauftrag:
Übernehmen Sie zentrale Aspekte der Begegnung in Ihr Stationenheft.

3. Christoph Martin Wieland (1733-1813) – der Aufklärer …

Wieland-Porträt von Oswald May (1738–1816). – Foto: Wikimedia/Thomoesch

… wuchs in Biberach im nördlichen Oberschwaben auf und war zu seiner Zeit ein vielgelesener Autor. Er war sehr sprachbegabt, übersetzte antike Autoren und übertrug 22 Shakespeare-Dramen erstmals ins Deutsche. Mit seiner *Geschichte des Agathon* (1766) gilt er als Begründer des deutschen Bildungsromans.

Als Philosophieprofessor in Erfurt verfasste er 1772 den politisch-philosophischen Staatsroman *Der goldene Spiegel oder die Könige von Scheschian*, in dem er über die Monarchie aus Sicht der Aufklärung reflektiert. Daraufhin wurde er 1772 als Erzieher der Prinzen an den Hof nach Weimar berufen. Hier gab er die langlebigste und auflagenstärkste deutsche Literaturzeitschrift des 18. Jahrhunderts heraus, den *Teutschen Merkur*. Goethe griff eine Veröffentlichung Wielands darin auf und verspottete sie mit der Farce *Götter, Helden und Wieland*. Wieland reagierte souverän und lobte den Text 1774 in seiner Zeitschrift als Meisterstück an Persiflage. Goethe versöhnte sich mit ihm und schrieb 1776 an Charlotte von Stein: »mit Wielanden hab ich göttlich reine Stunden. Das tröstet mich viel.«

Arbeitsauftrag:
Übernehmen Sie zentrale Fakten in Ihr Stationenheft.

4. Johann Gottfried Herder (1744-1803) – der Geschichts- und Kulturphilosoph …

Porträt Herders von Anton Graff (1736–1813), 1785

… stammt aus Ostpreußen. Er studierte Theologie in Königsberg und besuchte auch Vorlesungen von Immanuel Kant. Goethe, der ihn während seiner Straßburger Studentenzeit kennengelernt hatte, verdankte ihm viele Anregungen. Auf Goethes Vermittlung hin berief ihn Herzog Karl August 1776 zum Generalsuperintendenten und Oberpfarrer nach Weimar. Herder verfasste u. a. Schriften zur Theologie und Geschichtsphilosophie, in denen er Christentum und Humanitätsidee zusammendachte, was entscheidend zu Humanitätsvorstellungen der Weimarer Klassik beitrug. Seine Hauptschrift *Ideen zur Philosophie der Geschichte der Menschheit* (1784–91) wurde von Goethe im Gespräch mit seinem Vertrauten Johann Peter Eckermann als »unstreitig das vorzüglichste« seiner Werke bezeichnet.

Arbeitsauftrag:
Übernehmen Sie zentrale Fakten in Ihr Stationenheft.

Station 2

Hintergründe der Weimarer Klassik: Zeitgeschichtliche Entwicklungen

1. Deutschland Ende des 18. Jahrhunderts

Das Heilige Römische Reich um 1800. – CC BY-SA 3.0 / Wikipedia / Ziegelbrenner (Ausschnitt, vereinfacht)

Deutschland bestand um 1800 aus einem Flickenteppich von über 300 Klein- und Mittelstaaten sowie ganz wenigen großen, die zwar formal zum »Heiligen Römischen Reich deutscher Nation« gehörten, aber keinen einheitlichen (Zentral-)Staat bildeten wie etwa England oder Frankreich. Das hatte Vor- und Nachteile, die Bodo-Michael Baumunk wie folgt beschreibt: »Wo es galt, ein Resümee der Kleinstaaterei zu ziehen, waren Politik und wirtschaftliche Verhältnisse ihren Gegnern, die Kultur hingegen ihren Fürsprechern in der Argumentation willkommen.« (Bodo M. Baumunk, *Hauptstadt, Zentren, Residenzen*, Köln 1989, S. 227.)

Arbeitsauftrag:
Skizzieren Sie in einem Satz die politische Situation in Deutschland um 1800.

2. Die Situation in Weimar

Neben grausamen Fürsten mit absolutistischen Tendenzen, die die Untertanen streng reglementierten, wie Friedrich Schiller es unter Herzog Carl Eugen von Württemberg in seiner Jugend erleben musste, gab es auch unzählige Landesherren mit hohen kulturellen Ambitionen – durchaus in Konkurrenz zueinander –, die Maler, Schriftsteller, Musiker, Philosophen und Wissenschaftler förderten.

Das Herzogtum Weimar (mittelgrünes Gebiet etwa in der Mitte der Karte) besaß mit Anna Amalia, der Herzogin von Sachsen-Weimar-Eisenach, und ihrem Sohn, Großherzog Carl August, solche Förderer von Kunst und Wissenschaft und blühte zu einem kulturellen Zentrum auf. Gezielt holten die Herzogin und ihr Sohn künstlerisch begabte Persönlichkeiten an den Hof, alimentierten sie und ließen ihnen genug Freiheiten, ihre Ambitionen zu verwirklichen. Durch die räumliche Nähe kamen so persönliche Begegnungen zustande, bei denen sich die künstlerischen Arbeiten gegenseitig bereicherten und gemeinsame Konzepte – wie das der klassischen Literatur – entstanden.

Arbeitsauftrag:
Welche Rolle spielt das politische System in Deutschland für die Stadt Weimar und dort für die Entwicklung der Weimarer Klassik? Übernehmen Sie diesen Gedanken in Ihr Stationenheft!

3. Die Französische Revolution und ihre Folgen

a) Zentrale Gedanken aus Goethes »Venezianischen Epigrammen« (1790):

Alle Freiheitsapostel, sie waren mir immer zuwider;
Willkür suchte doch nur jeder am Ende für sich.
Willst du viele befrein, so wag es, vielen zu dienen.
Wie gefährlich das sei, willst du es wissen? Versuch's!

Frankreichs traurig Geschick, die Großen mögen's bedenken;
Aber bedenken fürwahr sollen es Kleine noch mehr.
Große gingen zu Grunde: doch wer beschützte die Menge
Gegen die Menge? Da war Menge der Menge Tyrann.

Johann Wolfgang Goethe: Epigramme. Venedig 1790. In: Goethes Werke. Auswahl. Bd. 1. Stuttgart 1867. Nr. 51 und 54 (S. 260 f.).

Arbeitsauftrag:
Übernehmen Sie die zentralen Gedanken in Ihr Stationenheft.

b) Konkretisierung in der Literatur – die Parallelen von Maria Stuart zu Marie Antoinette:

»Das Trauerspiel beginnt bekanntlich mit einer peinlichen Zimmervisitation, die Sir Paulet und sein schweigender Gehilfe Drugeon Drury in Schloß Fotheringhay durchführen, um Marias geheime Papiere und den von ihr zur Seite gelegten Schmuck an sich zu bringen. ›Was macht Ihr, Sir? Welch neue Dreistigkeit! / Zurück von diesem Schrank‹ ruft die alte Amme Marias empört aus (I,1, V. 1 f.). Zeitgenössische Leser dürften geahnt haben, daß Schiller mit dieser (den historischen Details entsprechenden) Exposition nicht nur auf den Fall Maria Stuarts, sondern auch auf das Schicksal einer anderen Königin anspielte, das im Sommer 1800, als das Drama in Weimar seine Uraufführung erlebte, noch frisch im Gedächtnis der Zuschauer war: auf die Geschichte der Marie-Antoinette, die am 13. August 1792 im *Temple*, später in der *Conciergerie* inhaftiert, im Herbst 1793 vor Gericht gestellt und am 16. Oktober 1793, neun Monate nach der Exekution ihres Gemahls Ludwig XVI., öffentlich hingerichtet wurde. [...] Rosalie Lamorlière, die Kammerzofe der Königin während ihrer letzten Lebensmonate in der *Conciergerie*, erzählt von ›gründlichen Haussuchungen‹, die ›zu jeder Tages- und Nachtzeit‹ stattfanden (ein Detail, das von der anfänglich mit ihrer Mutter inhaftierten Prinzessin Marie-Thérèse Charlotte rückblickend bestätigt wurde). [...] Auch an anderen Punkten liegen die Parallelen zwischen Schillers Maria und dem Schicksal Marie-Antoinettes offen zutage. [...]

Die äußeren Daten provozierten förmlich den Vergleich mit dem Stoff der *Maria Stuart*, den er im Frühling 1799, fünfeinhalb Jahre nach Marie-Antoinettes Tod, dramatisch zu bearbeiten begann: Verlust des Königtums, Gefängnishaft, Anklage wegen vermeintlichen Hochverrats und Hinrichtung bildeten in beiden Fällen die Stationen eines tragischen Sturzes aus den Höhen des monarchischen Glanzes. Noch ein weiteres Motiv kommt hinzu, in dem Schiller Maria Stuart und Marie-Antoinette aufeinander bezieht: das Bild der Verführerin, die ihre Liebhaber, wie die jeweiligen Zeitgenossen behaupteten, wahllos gesucht und verbraucht habe.«

Peter-André Alt: Ästhetik des Opfers. Versuch über Schillers Königinnen.
In: Jahrbuch der Deutschen Schillergesellschaft 50 (2006) S. 191 f., 187.

Arbeitsauftrag:
Übernehmen Sie die zentralen Gedanken in Ihr Stationenheft.

ARBEITSBLATT 10f (Seite 1 von 3)

Station 3

Grundlagen der Weimarer Klassik: Johann Joachim Winckelmann und die Hinwendung zur Antike

Laokoon-Gruppe. Vatikanische Museen. – Foto: CC BY-SA 4.0 / Wikipedia/LivioAndronico

Ein Blick in Johann Joachim Winckelmanns kunsthistorische Aufsätze (siehe unten) hilft dabei, die Antikenbegeisterung der Weimarer Klassik (und auch unsere Wahrnehmung der Antike) verstehen zu lernen. Ganz besonders hebt Winckelmann die berühmte Laokoon-Gruppe hervor, die seit ihrer Wiederentdeckung 1506 immer wieder zum zentralen Gegenstand der Betrachtung der antiken Kunst geworden war.

Arbeitsauftrag:
Informieren Sie sich zunächst allgemein unter https://winckelmann-moderne-antike.uni-halle.de über Leben und Werk des Kunsthistorikers Johann Joachim Winckelmann (1717–1768).

1. Zentrale Begriffe bei der Beschreibung der Laokoon-Gruppe bei Schiller und Goethe

Auch Schiller und Goethe lassen sich von Winckelmanns Gedanken zu einer Auseinandersetzung mit der Skulptur inspirieren.

»Zunächst […] fesselt Dich die unnachahmliche Gruppe des Laokoon. Ich werde dir über dies Meisterstück der antiken Kunst wenig Neues mehr sagen; du kennst sie bereits, und der Anblick selbst überwältigt alle Beschreibungskraft. […] Der Ausdruck der Leidenschaft und die ganze Gruppierung lassen dem forschenden Auge nichts mehr zu beobachten übrig – […] und noch immer werden sie Muster der höchsten Wahrheit und Schönheit sein. […] So schuf das Altertum.«

Schiller's Werke. 14. Teil: Kleinere prosaische Schriften. Berlin 1868. S. 280. [Behutsam modernisiert.]

»Ich getraue mir daher nochmals zu wiederholen: dass die Gruppe des Laokoon neben allen übrigen anerkannten Verdiensten zugleich ein Muster sei von Symmetrie und Mannigfaltigkeit, von Ruhe und Bewegung, von Gegensätzen und Stufengängen, die sich zusammen teils sinnlich, teils geistig dem Beschauer darbieten, bei dem hohen Pathos der Vorstellung eine angenehme Empfindung erregen und den Sturm der Leiden und Leidenschaft durch Anmut und Schönheit mildern.«

Johann Wolfgang Goethe: Über Laokoon. In: Goethes sämmtliche Werke in drei Bänden. Bd. 3. Stuttgart 1869. S. 253. [Behutsam modernisiert.]

Arbeitsauftrag:
Welche Aussagen lassen sich anhand der Texte von Goethe und Schiller zur Laokoon-Gruppe über das Kunstideal der Weimarer Klassik treffen? Halten Sie diese in Ihrem Stationenheft fest.

2. *Gedanken über die Nachahmung der griechischen Werke in der Malerei und Bildhauerkunst* von Johann Joachim Winckelmann (1755)

Titelblatt der Originalausgabe von 1755

»Der gute Geschmack, welcher sich mehr und mehr durch die Welt ausbreitet, hat sich angefangen zuerst unter dem griechischen Himmel zu bilden. […]

Der einzige Weg für uns, groß, ja, wenn es möglich ist, unnachahmlich zu werden, ist die Nachahmung der Alten, und was jemand vom Homer gesagt, dass derjenige ihn bewundern lernet, der ihn wohl verstehen gelernet, gilt auch von den Kunstwerken der Alten, sonderlich der Griechen. Man muss mit ihnen, wie mit seinem Freunde, bekannt geworden sein, um den Laokoon ebenso unnachahmlich als den Homer zu finden. In solcher genauen Bekanntschaft wird man wie Nikomachos von der Helena des Zeuxis urteilen: ›Nimm meine Augen‹, sagte er zu einem Unwissenden, der das Bild tadeln wollte, ›so wird sie dir eine Göttin scheinen.‹

Mit diesem Auge haben Michelangelo, Raffael und Poussin die Werke der Alten angesehen. Sie haben den guten Geschmack aus seiner Quelle geschöpfet, und Raffael in dem Lande selbst, wo er sich gebildet. Man weiß, dass er junge Leute nach Griechenland geschicket, die Überbleibsel des Altertums für ihn zu zeichnen. […]

Diese häufigen Gelegenheiten zur Beobachtung der Natur veranlasseten die griechischen Künstler noch weiter zu gehen: sie fingen an, sich gewisse allgemeine Begriffe von Schönheiten sowohl einzelner Teile als ganze Verhältnisse der Körper zu bilden, die sich über die Natur selbst erheben sollten; ihr Urbild war eine bloß im Verstande entworfene geistige Natur. So bildete Raffael seine Galatea. Man sehe seinen Brief an den Grafen Baldassare Castiglione: ›Da die Schönheiten‹, schreibt er, ›unter dem Frauenzimmer so selten sind, so bediene ich mich einer gewissen Idee in meiner Einbildung.‹ […]

Das allgemeine vorzügliche Kennzeichen der griechischen Meisterstücke ist endlich eine edle Einfalt, und eine stille Größe, sowohl in der Stellung als im Ausdrucke. So wie die Tiefe des Meers allezeit ruhig bleibt, die Oberfläche mag noch so wüten, ebenso zeiget der Ausdruck in den Figuren der Griechen bei allen Leidenschaften eine große und gesetzte Seele. […]

Die Malerei erstreckt sich auch auf Dinge, die nicht sinnlich sind; diese sind ihr höchstes Ziel, und die Griechen haben sich bemühet, dasselbe zu erreichen […]. Der Pinsel, den der Künstler führet, soll im Verstand getunkt sein […]: Er soll mehr zu denken hinterlassen, als was er dem Auge gezeiget, und dieses wird der Künstler erhalten, wenn er seine Gedanken in Allegorien nicht zu verstecken, sondern einzukleiden gelernet hat.«

Johann Joachim Winckelmann: Gedanken über die Nachahmung der griechischen Werke in der Malerei und Bildhauerkunst [1755]. In: Theorie der Klassik. Hrsg. von Wilhelm Voßkamp. Stuttgart 2009. S. 25, 26, 32f., 43, 46, 50. [Behutsam modernisiert.]

Arbeitsaufträge:
a) Welche Aussagen lassen sich anhand des Texts von Winckelmann über das Kunstideal der Weimarer Klassik treffen? Halten Sie diese in Ihrem Stationenheft fest. b) In der Schrift formuliert er die Formel, die später zum Schlagwort der Weimarer Klassik werden soll. Halten Sie diese im Stationenheft fest.

3. Bezug zu *Maria Stuart*

Arbeitsauftrag:
Halten Sie im Stationenheft fest: In welcher Szene verkörpert die Figur der Maria Stuart diese Formel idealtypisch?

ARBEITSBLATT 10g (Seite 1 von 2)

Station 4

Merkmale der Weimarer Klassik: Hintergründe, Werte und Ziele

1. Das Gemälde Tischbeins

J. H. W. Tischbein, *Goethe in der römischen Campagna*, 1787. Städel Museum, Frankfurt am Main

Arbeitsauftrag:
Betrachten Sie zunächst das Bild genau und beschreiben Sie: • Wie wird die dargestellte Person inszeniert? • Welche weiteren Details entdecken Sie?

2. Grundlagen, Werte und Ziele der Weimarer Klassik

Goethe in der römischen Campagna ist der Titel eines bekannten Gemäldes von Johann Heinrich Wilhelm Tischbein (1751–1829). Der Maler lernte Goethe gut kennen und wertschätzen, als dieser während seiner Italienreise bei seinem Romaufenthalt 1786 in einer WG der Maler Tischbein, Schütz und Bury unterkam. Das Gemälde, ein Werk des Klassizismus, verbildlicht wesentliche Ideen, die auch für die Literatur der Weimarer Klassik eine große Rolle spielen und macht **Grundlagen** transparent, die zentral Einfluss genommen haben.

Dies beginnt bereits beim Titel des Werks: Die Campagna Romana ist eine hügelige Landschaft in der Umgebung Roms, die der Maler aber nicht real abbildet, sondern aus mehreren »typisch römischen« Elementen zusammenstellt, wodurch er die inspirierenden Erfahrungen Goethes auf seiner italienischen Reise versinnbildlicht.

Gleichzeitig wird die Kunst der Antike ins Bild gerückt, z. B. in dem Fragment eines griechischen Marmorreliefs, auf dem u. a. die Begegnung zwischen Iphigenie und ihrem Bruder Orest dargestellt ist. Dieser Mythos wurde zu dieser Zeit von Goethe bearbeitet, der in Rom die Verse seines idealtypisch klassischen Dramas *Iphigenie auf Tauris* ausarbeitete.

Der dargestellte Dichter wird heroisiert, sein Hut wirkt fast wie ein Heiligenschein. Der Blick geht wissend in die Weite. Der Maler schreibt dazu in einem Brief an Johann Caspar Lavater: »Ich habe [Goethes] Porträt angefangen und werde es in Lebensgröße machen, wie er auf denen Ruinen sitzet und über das Schicksal der menschlichen Werke nachdenket. […] Mit was für einem Auge und Kenntnis er alles siehet, werden Sie sich leicht denken können, indem Sie wissen, wie wahr er denkt« (zit. nach: Wilhelm Bode, *Goethe in vertraulichen Briefen seiner Zeitgenossen*, Bd. 1, Berlin 1979, S. 322). Philosophische Grundlage dieses »wahren Denkens«, das Tischbein so beeindruckt hat, ist der deutsche Idealismus, besonders in Anlehnung an Immanuel Kant.

Auch Friedrich Schiller beruft sich in seinen theoretischen Schriften, in denen er die **Werte** der Weimarer Klassik herausarbeitet, explizit auf Kant, wenn er etwa in *Über die ästhetische Erziehung des Menschen* (1795) zu Beginn des ersten Briefs formuliert, dass es »größtenteils Kantische Grundsätze sind, auf denen die nachfolgenden Behauptungen ruhen werden« (Stuttgart 2000, S. 7).

Wichtige Gedanken sind das Streben nach Vollkommenheit, Sittlichkeit und Tugend. Kunst wird befreit von politischen und moralischen Zwecken: Schöne Kunst verfügt über einen Eigenwert und repräsentiert eine überbegriffliche Idee. Dies beinhaltet eine Abwendung von der Politik und eine Suche nach Vollendung. Diese vollendete Schönheit findet sich idealtypisch umgesetzt in der Kunst der Antike. Die zentralen Leitideen der Klassik sind Harmonie und Humanität.

Man strebt Vollendung und Schönheit an, deutet sie als Harmonie zwischen dem Sinnlichen (Gemüt) und der Vernunft (Geist). Das **Ziel** ist der ideale Mensch, der zu Vernunft und zu moralischem Handeln erzogen werden soll. Das kann durch die Kunst gelingen, die so die Welt verbessern soll, hin zum Wahren, Guten und Schönen. Die Kunst selbst orientiert sich an Idealen und Gesetzmäßigkeiten und stellt so eine harmonische Einheit her.

Arbeitsaufträge:

a) Übernehmen Sie zentrale Aussagen in Ihr Stationenheft.
b) Diskutieren Sie u. a. anhand der Überlegungen zur Sprache und Dramenstruktur von Maria Stuart, wie in diesem Drama die Werte und Ziele umgesetzt werden.

ARBEITSBLATT 10h (Seite 1 von 2)

Station 5

Werke der Weimarer Klassik: Epik – Lyrik – Drama

Etliche Zitate aus den bekannten Werken der Weimarer Klassik sind als »geflügelte Worte« in den Sprachschatz des Bildungsbürgertums eingegangen.

Arbeitsauftrag:

- Recherchieren Sie jeweils die (farbig hinterlegten) Zitate unter Nr. 1–3 im Internet.
- Übernehmen Sie die zentralen Gedanken in Ihr Stationenheft.

1. Epik

Der Mensch ist dem Menschen das Interessanteste und sollte ihn vielleicht ganz allein interessieren. Alles andere, was uns umgibt, ist entweder nur Element, in dem wir leben, oder Werkzeug, dessen wir uns bedienen.

Foto H.-P. Haack

Das Zitat stammt aus einem Roman des berühmtesten Vertreters der Weimarer Klassik. Prosaromane waren in der Weimarer Klassik eher weniger wichtig, da ja die Antike das Vorbild für das künstlerische Schaffen war und diese Gattung so noch nicht existierte (es gab nur in Verse gefasste Epen wie die von Homer).

Formal ist die Epik vergleichsweise frei gestaltet, und die in Lyrik und Dramatik bevorzugte streng geregelte Form spielt hier kaum eine Rolle.

Die Autoren nutzten die erzählende Literatur vor allem, um ihre Weltanschauung darzulegen. Das zitierte Beispiel gehört zum bevorzugten Genre des Bildungsromans. Dieses entwickelte sich inspiriert durch die Aufklärung: Die Hauptfigur eines Bildungsromans durchläuft im Lauf des Buchs eine innere Entwicklung und Reifung, bis sie am Ende der Handlung einen höheren Bildungsstand erreicht hat. Geschildert wird also, wie ein Charakter zur idealen Person wird. Als erster deutscher Bildungsroman gilt *Die Geschichte des Agathon* (1766) von Christoph Martin Wieland. Das oben zitierte Beispiel erscheint knapp 30 Jahre später als erster von zwei Teilen.

- Genaueres zum zitierten Roman erfahren Sie auch auf YouTube in *Michael Sommers Weltliteratur to go*, Episode 339!

2. Lyrik

Da fällt von des Altans Rand / Ein Handschuh von schöner Hand

Die Lyrik der Weimarer Klassik verwendet gerne antike Formen (wie Hymne, Elegie und Ode) und antike Metrik (zum Beispiel Distichon und Hexameter).

Goethes Lyrik nach der Phase der Erlebnislyrik des Sturm und Drang ist ausgeglichener und vergeistigt konzipiert. Schiller verfasst unter anderem philosophische Gedichte, in denen kunsttheoretische Überlegungen formuliert wer-

den. Beiden gemeinsam sind Texte, die in enger Zusammenarbeit und gewissermaßen einer Art Wettstreit entstanden: die Balladen.

Als Ballade gilt ein erzählendes Gedicht mit mehreren Strophen, es gibt ein Reimschema, meist einen Endreim und ein Metrum, das der Ballade einen Rhythmus verleiht. Dadurch lässt sich eine Ballade gut vortragen – viele Balladen Goethes und Schillers wurden vertont. Es wird in konzentrierter Form eine Geschichte mit einem Spannungsbogen erzählt, daher enthält die Ballade auch epische Elemente und ebenso dramatische, da die Geschichte szenisch dargeboten wird. Aufgrund dieser Kombination von lyrischen, epischen und dramatischen Elementen bezeichnete Goethe die Ballade als »Urei der Dichtung«.

Das Zitat stammt aus einer Ballade Schillers, entstanden im sogenannten »Balladenjahr« 1797. Sie soll auf eine wahre Geschichte zurückgehen.

3. Dramatik

> Du sprichst ein großes Wort gelassen aus.

Diesen Satz spricht eine Figur in einem Theaterstück, das als typisches Beispiel für ein klassisches Drama gilt: Es behandelt ein antikes Thema und hebt das klassische Humanitätsideal hervor. Die Heldin hat eine Wahl zwischen Pflicht und Neigung zu treffen und folgt letztlich einer inneren Verpflichtung zu Menschlichkeit und Wahrheit.

Formal ist es in der typisch geschlossenen Dramenform verfasst, d. h., die Einheiten von Ort, Zeit und Handlung sind realisiert, die Handlung ist einsträngig, klar und nachvollziehbar mit wenigen (fünf) handelnden Personen.

Sprachlich ist die Endfassung in fünfhebigen Jamben gestaltet und zeichnet sich durch einen sehr komplexen hypotaktischen Satzbau aus.

Im Gegensatz zu Maria Stuart, die real scheitert und nur moralisch, in der Ideenwelt, triumphiert, wird in dem zitierten Drama ein mythologisches Paradigma zeitloser Humanität glücklich verwirklicht.

- Genaueres zum zitierten Drama erfahren Sie auch auf YouTube in *Michael Sommers Weltliteratur to go*, Episode 17!

4. *Maria Stuart*

Auch *Maria Stuart* gilt als typisches klassisches Drama.

Arbeitsauftrag:
Suchen Sie einen Satz oder Textabschnitt in *Maria Stuart*, der sich als »geflügeltes Wort« oder Zitat eignet. Begründen Sie Ihre Wahl.

ARBEITSBLATT 10i

Vertiefende Aufgaben

Station 1

Was gilt heute als »klassisch«? Definieren Sie den Begriff aus aktueller Sicht und überlegen Sie, welche Werke bzw. Exponate aus Literatur, Musik, bildender Kunst, Architektur usw. als »klassisch« bezeichnet werden – und warum diese Werke.

Station 2

Welche politischen und philosophischen Sichtweisen beeinflussen das Welt- und Menschenbild heute, im 21. Jahrhundert, am meisten? Entwerfen Sie, darauf aufbauend, Ideen für eine zeitgemäße »klassische« Dichtung!

Station 3

Wo finden Sie heute noch Spuren der Antikenverehrung der Klassik? Denken Sie über Sprache und Literatur, Kunst, Musik und Architektur nach.

Station 4

Der Künstler Oska Gutheil verbildlicht Themen, die in unserer Gesellschaft aktuell sind und besprochen werden.

Betrachten Sie seine Bilder im Internet, z. B. auf Instagram (www.instagram.com/oskagutheil) oder auf seiner Homepage (https://oskagutheil.com), und beschreiben Sie:

- Welche Themen werden vorrangig inszeniert?
- Wie werden Personen dargestellt?

Station 5

Schreiben Sie einen Text, der sich intensiv mit der Idee der Humanität heute – in Zeiten von Klimawandel und Realitätsflucht in mediale Welten – beschäftigt.

11 Klausurvorschläge mit Lösungshinweisen: Erschließung und vergleichende Interpretation eines poetischen Textes

Die vorgestellten Klausuraufgaben sind als Übungsaufgaben gedacht, wobei die zweite Aufgabe exemplarisch komplett ausgearbeitet vorgestellt wird. Gemäß den Forschungen zum Schreibprozess sollen die Schülerinnen und Schüler den Text zunächst planen, die Planung soll in eine fundierte Gliederung münden. Es ist auch möglich, diesen Schritt in Partner- oder Gruppenarbeit durchzuführen. Nach dem Verfassen des Erstentwurfs können die Lernenden ihren eigenen Text – ggf. auch wieder in Partner- oder Gruppenarbeit – korrigieren und überarbeiten.

11.1 Marias Verteidigungsrede (I,7)

Klausuraufgabe

1. Erschließen und interpretieren Sie die Verteidigungsrede Marias in *Maria Stuart*, 1. Aufzug, 7. Auftritt (V. 864–974, Reclam XL, S. 26–35) im Kontext des politisch-moralischen Dilemmas, in dem sich Elisabeth befindet.
2. Zeigen Sie ausgehend von Ihren Ergebnissen vergleichend auf, wie das Spannungsfeld von Macht und Recht in einem anderen literarischen Werk gestaltet wird.

Lösungshinweise: Checkliste für eine Überarbeitung

Gliederung

1 Einleitung
2 Erschließung der Szene
  2.1 Verortung der Szene innerhalb des Stücks
  2.2 Raumkonzept
  2.3 Inhalt und Aufbau der Szene
  2.4 Figurengestaltung
    2.4.1 Maria
    2.4.2 Burleigh
    2.4.3 Paulet
  2.5 Dialoganalyse
3 »Ermorden lassen kann sie mich, nicht richten!«: Interpretation der Szene
4 Kann Machtlosigkeit moralisch triumphieren? Vergleich von *Maria Stuart* und *Leben des Galilei*
5 Schluss

1 Einleitung

1 Einleitung

Möglich z. B.: Erfahrungen Schillers aus der Französischen Revolution, in der die Idee von Freiheit, Gleichheit und Brüderlichkeit in eine Schreckensherrschaft mündet, Macht also über Moral und Recht triumphiert, fließen in das Stück mit ein.

2 Erschließung der Szene

2 Erschließung der Szene

2.1 Verortung der Szene innerhalb des Stücks

Maria Stuart als Enthüllungsdrama: Die entscheidenden Handlungen (Anschlag auf Elisabeth, Gefangennahme Marias, Gerichtsprozess Marias) sind bereits vor Dramenbeginn abgeschlossen, nun enthüllen sich deren Auswirkungen. Der 1. Aufzug stellt in kompakter Form die Exposition des Dramas dar. Maria erwartet zu Beginn das Gerichtsurteil, das ihr in der vorliegenden Szene aufgedeckt wird. Die vorhergehenden Szenen dienen dazu, Maria als Gefangene und Büßerin vor dem Hintergrund ihrer persönlichen, schuldbeladenen Vorgeschichte vorzustellen und mit Mortimer, als möglichen Retter, Spannung aufzubauen.

Das nun verkündete Todesurteil ist Grundlage der weiteren Dramenhandlung: Maria kann jetzt nur noch auf

a) einen gelingenden Fluchtversuch (mit Hilfe von Mortimer) oder
b) eine Begnadigung durch Elisabeth (erfleht in einer persönlichen Begegnung, arrangiert durch Lord Leicester)

hoffen.

2.2 Inhalt und Aufbau der Szene

Inhalt: Lord Burleigh, mit Paulet im Gefolge, unterbricht das Gespräch mit Mortimer (6. Auftritt) und überbringt das Gerichtsurteil. Maria, die bei dem Prozess nicht persönlich anwesend sein durfte, hält im Folgenden eine Verteidigungsrede und legt die Unrechtmäßigkeit von Prozess und Urteil dar. Burleigh spricht dazwischen immer wieder für die Anklage.

Aufbau: Ausgehend von der Feststellung ihrer Unschuld (S. 26) deckt Maria Punkt für Punkt die Rechtsbrüche durch die englische Krone auf, von der Nicht-Zuständigkeit des Gerichts über eine Reihe von Formfehlern bis hin zu fehlenden Originalbeweisen für die Hauptanklage (vgl. S. 32). Schließlich mündet ihre Verteidigung in der Feststellung, der Prozess verhülle einen Akt politischer Gewalt: »Denn nicht vom Rechte, von Gewalt allein / Ist zwischen mir und Engelland die Rede« (S. 34, V. 957f.).

2.3 Raumkonzept

»*Im Schloss Fotheringhay. – Ein Zimmer*« (S. 5). Die Szene spielt in dem Zimmer, in dem Maria gefangen gehalten wird und das zuvor jeden Schmucks beraubt wurde (vgl. I,1) und in dem sie nun auch ihrer Hoffnung beraubt werden soll. Dieses »*Zimmer des ersten Aufzugs*« (S. 119) ist im 5. Akt auch Marias Hinrichtungsstätte und Ort ihres moralischen Triumphs. Das entspricht dem symmetrischen Aufbau dieses Stücks: Der 2. und 4. Akt spielen am Palast von Westminster, der symbolisch für Elisabeth steht, der 3. Akt in einem »Zwischenort«, dem Park von Schloss Fotheringhay, in dem sich die Königinnen begegnen.

2.4 Figurengestaltung

2.4.1 Maria

Maria Stuart wird als eingekerkerte Königin gezeigt, die gefasst und würdevoll dem Urteilsspruch gegenübertritt. Im Vorfeld hat man gesehen, wie sie der letzten äußeren Embleme ihres Standes beraubt wurde. Im Gespräch mit ihrer Amme bekennt sie sich der Anklage des Gattenmordes schuldig und ist, im Bewusstsein dieser Schuld, auch bereit zu büßen. Zudem zeigt die Begegnung mit Mortimer, dass sie – auch in der Kerkerhaft – immer noch männliche Leidenschaften mit ihrem »Schönheitsglanze« (V. 567) zu entfachen vermag.

2.4.2 Burleigh

Wilhelm Cecil, Baron von Burleigh, Großschatzmeister Elisabeths, handelt pragmatisch durchdacht; seine Leitlinien sind Pflichterfüllung und Vaterlandsliebe, im Zweifelsfall stellt er das Staatsinteresse über Recht und Gerechtigkeit. Maria sieht er vor allem als eine innen- und außenpolitische Bedrohung, die eliminiert werden muss. Von ihrer Schönheit und Ausstrahlung zeigt er sich unberührt. Er drängt auf Marias Hinrichtung bis zu ihrem tatsächlichen Ende am Schafott. Letztlich wird er aber von Elisabeth fallengelassen, die sich so von der Schuld des Tötungsaktes zu befreien sucht.

2.4.3 Paulet

Ritter Amias Paulet, der Bewacher Marias, geht durchweg unbestechlich und tugendhaft seiner Pflicht nach. Er zeigt sich immer korrekt und legt, wo angebracht, auch ein Wort für das Recht(e) ein.

2.5 Dialoganalyse

Paulet eröffnet die Szene und kündigt die »Gewissheit Eures Schicksals« (V. 684) für Maria an, wobei der Begriff »Gewissheit« wiederholt und damit verfestigt wird. Auf seine Aufforderung »Tragt sie mit Ergebung« V. 686) folgt die Correctio: »Mit Würde« V. 687). Maria setzt dann direkt auf die Betonung ihrer Unschuld und nimmt in der Korrektur der geforderten Ergebung in das Urteil und dem Postulat ihrer Unschuld ihre Rolle in dem nun folgenden Dialog vorweg. Anklage und Verteidigung werden komprimiert vorgestellt. Dann rollt sie den Fall noch einmal auf und legt so die Illegalität und den politisch motivierten Rechtsbruch offen:

- Mangelnde Zuständigkeit des Gerichts und der englischen Gesetze bezüglich einer schottischen Königin (V. 699 ff.)
- Wankelmütigkeit der Richter, die unter vier Regierungen den Glauben viermal ändern (V. 784 ff.)
- Staatsinteressen statt Rechtsspruch als Motivation Burleighs (V. 794 f.)
- Religiöse (Protestantismus vs. Katholizismus) und nationale (England vs. Schottland) Voreingenommenheit der Richter (V. 801 ff.)
- Zurückweisung der Anstiftung zum Bürgerkrieg wegen mangelnder Beweise (V. 843)
- Verklammerung von Legislative und Judikative bezüglich des Gesetzes, das eigens »verfasst [wurde], mich zu verderben« (V. 857).
- Durch Folter erzeugte Meineide der Hauptbelastungszeugen (V. 896)
- Prozessfehler durch fehlende Gegenüberstellung von Angeklagter und Zeugen (V. 901)

Der Auftritt endet in einer flammenden Anklage gegen Elisabeth (V. 961 f.), der sprachlich außerordentlich dicht ist (vgl. ARBEITSBLATT 7a) und in den letzten Versen »lyrisiert« (V. 971–974). Gerade dieser Vierzeiler bringt es auf den Punkt: Der Prozess ist eine Farce und dient der englischen Königin als Deckmäntelchen für die Ermordung der Rivalin.

3 Interpretation der Szene

3 Ermorden lassen kann sie mich, nicht richten!«: Interpretation der Szene

Das politisch-moralische Dilemma Elisabeths besteht in der unmittelbaren Bedrohung ihrer Position durch Maria Stuart:

- Elisabeth gilt als »Bastard« (V. 2447), Maria ist die nächste legitime Anwärterin auf den englischen Thron.
- Maria ist katholisch und wird von der katholischen Kirche und den Katholiken in England unterstützt.
- Als solche ist sie eine Galionsfigur für Umsturzbewegungen.
- Elisabeth ist abhängig von der öffentlichen Meinung (vgl. V. 1161) und weiß um die Wirkung des äußeren Anscheins (vgl. V. 1601 f.) – das motiviert zu einer Hinrichtung, legitimiert durch einen Scheinprozess.

Der Gerichtsprozess zur Causa Maria Stuart ist offensichtlich eine politische Farce mit von Anfang an feststehendem Ausgang. Bereits in den ersten Sätzen des Aufzugs wird deutlich, dass sich im Folgenden eine Katastrophe entspinnt, die nicht aufzuhalten sein wird – es gibt bereits »Gewissheit« (V. 685) über das Schicksal Maria Stuarts. Dem mitfühlenden Zuschauer erschließt sich dabei von Beginn an die tragische Handlungslogik, wobei zu diesem Zeitpunkt noch nicht alles hoffnungslos ist. Maria belegt nun, dass tatsächlich kein rechtmäßiges Urteil zustande gekommen ist. Dass sie dies sprachlich auf höchstem Niveau und inhaltlich in fundierter Kenntnis des englischen Rechtssystems tut, ändert jedoch nichts an der Tatsache, dass die Überzeugungskraft in der Kerkerzelle vergeudet, keine Außenwirkung entfalten wird. Der Zuschauer wird auf die Formel »Ermorden lassen kann sie mich, nicht richten« (V. 971) eingestimmt, es ist jedoch klar, dass die Justiz für Maria Stuart nichts mehr tun kann – ihr Schicksal hängt allein an der Repräsentantin der Macht, Elisabeth. Und Elisabeth wird fremdbestimmt durch die genannten Faktoren.

4 Vergleich von *Maria Stuart* und *Leben des Galilei*

4 Kann Machtlosigkeit moralisch triumphieren? Vergleich von *Maria Stuart* und *Leben des Galilei*

Bertolt Brechts *Leben des Galilei* ist ein episches Bühnenstück, als Gegenentwurf zum klassischen Theater konzipiert: Anstelle von Katharsis und Erziehung zur schönen Seele als Wirkintention soll der Zuschauer in Distanz zum Geschehen kritisch darüber nachdenken. Das erreicht Brecht durch Verfremdungseffekte (z. B. Erzählerkommentare, Einschub von Liedern usw.), die aus der Epik übernommen sind.

Inhalt: Der Universalgelehrte Galileo Galilei entdeckt durch ein von ihm konstruiertes Fernrohr Phänomene, die das heliozentrische Weltbild belegen. Daraus resultiert eine Auseinandersetzung mit der katholischen Kirche, da diese Erkenntnis dem religiöse Macht legitimierenden Weltbild widerspricht – die Inquisition schreitet ein. Galilei sieht Wissenschaft als geistiges Vergnügen, nicht als Verantwortung. Als Genussmensch schätzt er leibliche Annehmlichkeiten wie gutes Essen und erlesenen Wein. Letztlich genügt die Ansicht der Folterinstrumente, um ihn zum Widerruf zu bewegen. Seine heimlich fortgesetzten wissenschaftlichen Arbeiten werden durch seinen Schüler weitergetragen, er selbst bleibt (in den späteren Fassungen des Stücks) als Feigling, der die Wissenschaft in Verruf gebracht hat, zurück.

Gemeinsamkeiten Maria Stuart – Galileo Galilei: Beide Protagonisten stellen eine ernst zu nehmende Bedrohung für die Machtinhaber dar; beide haben in der Sache recht: Maria ist unschuldig verurteilt und hat einen berechtigten Anspruch auf den englischen Thron; Galilei hat korrekt gearbeitet und liegt wissenschaftlich richtig; beide werden erfolgreich öffentlichkeitswirksam mundtot gemacht.

Unterschiede Maria Stuart – Galileo Galilei: Maria bleibt standhaft; sie bewahrt ihre Integrität und nimmt das ungerechte Los würdevoll, als »schöne Seele« auf sich, indem sie es umdeutet. Dadurch triumphiert sie über Elisabeth, die moralisch entblößt allein zurückbleibt. Galilei knickt ein und überlässt die Wahrheit den Herrschenden. Damit verrät er die Idee einer Wissenschaft, die zum Wohl der Menschheit wirken könnte und diskreditiert sich als Vorbild. Allein seine wissenschaftlichen Entdeckungen bleiben durch seinen Schüler wirksam – es stellt sich langfristig die Frage, ob die Wahrheit sich auf Dauer »von selbst« durchsetzen könne.

5 Schluss

5 Schluss

Möglich z. B.: Um zu einem moralisch fundierten Urteil zu gelangen, ist es oft nötig, die Machtverhältnisse zu durchschauen und hinter öffentlich präsentierte »Wahrheiten« zu blicken.

11.2 Die Begegnung der Königinnen (III,4)

Klausuraufgabe

1. Erschließen und interpretieren Sie den 3. Aufzug, 4. Auftritt von *Maria Stuart* (V. 2225–2451, Reclam XL, S. 77–84), die Begegnung der Königinnen. Gehen Sie dabei besonders auf den Aspekt ein, wie es Maria gelingt, ihre humane Würde zu wahren.
2. Zeigen Sie ausgehend von Ihren Ergebnissen vergleichend auf, wie in einem anderen literarischen Werk die Idee der Humanität gestaltet wird.

Lösungsvorschlag

Gliederung

1 Einleitung: »Die Begegnung der Königinnen« als Schlüsselszene des Dramas *Maria Stuart*
2 Erschließung der Szene
 2.1 Verortung der Szene innerhalb des Stücks
 2.2 Inhalt und Aufbau der Szene
 2.3 Raumkonzept
 2.4 Figurengestaltung
  2.4.1 Elisabeth
  2.4.2 Maria
 2.5 Dialoganalyse
3 »... denn ich bin euer König«: Interpretation der Szene
4 Die Idee der Humanität in *Maria Stuart* und in *Iphigenie auf Tauris*
5 Schluss

1 Einleitung

1 Einleitung: »Die Begegnung der Königinnen« als Schlüsselszene des Dramas *Maria Stuart*

Das klassische Drama *Maria Stuart* von Friedrich Schiller thematisiert den historisch belegten Machtkampf zwischen der englischen Königin Elisabeth I. und der schottischen Königin Maria Stuart. Dabei nimmt Schiller eine »poetische Korrektur der Geschichte« vor, das heißt, er passt die Fakten seinen dramentheoretischen Ideen an, um mittels der Kunst den Menschen zur Humanität und zu seinem schönsten Selbst zu erziehen. Die persönliche Begegnung der beiden Königinnen stellt eine solche Anpassung dar, sie hat real nie stattgefunden, wird aber zum Höhepunkt und Wendepunkt (Peripetie) des Dramas. Hier trifft die leidenschaftliche Frau Maria auf die hochfahrende Politikerin Elisabeth, hier kehren sich aber auch die Verhältnisse um: Die, die sich demütigen will, beherrscht den Platz als moralische Siegerin; die, die ihren Triumph auskosten will, bleibt gedemütigt zurück. Alle weiteren Handlungen des Stücks folgen logisch aus diesem Intermezzo.

2 Erschließung der Szene

2 Erschließung der Szene

2.1 Verortung der Szene innerhalb des Stücks

Formal ist das Stück streng durchkomponiert und orientiert sich eng am klassischen fünfaktigen Aufbau des geschlossenen Dramas. Der 3. Akt stellt den Höhepunkt dar, der in der Begegnung der beiden Königinnen kumuliert. Ein symmetrischer Aufbau zeigt sich auch in der Platzierung der Auftritte der beiden Königinnen, das Gespräch im 3. Akt ist dabei quasi die Spiegelachse: Der 1. und 5. Akt können eher Maria zugeordnet werden, der dritte und vierte Akt Elisabeth, und hier, in der Begegnungsszene, werden die Handlungslinien verschränkt.

2.2 Inhalt und Aufbau der Szene

Elisabeth tritt auf, Leicester im Gefolge. Sie spielt vor, nicht zu wissen, wo sie sich befinde, fixiert jedoch Maria genau und provoziert durch den Hinweis auf ihr Gottesgnadentum die Rivalin. Maria versucht zunächst, wie vorgesehen, sich durch Unterwerfung den Weg zur Freiheit zu bahnen. Dabei erhofft sie sich, dass Elisabeth ihr »die königliche Rechte« (V. 2255) zur Versöhnung reicht. Elisabeth jedoch weist Maria hart zurück. Maria reagiert »*mit steigendem Affekt*« (Regieanweisung vor V. 2261), Elisabeth hält »*kalt und streng*« (vor V. 2279) dagegen. Von da ausgehend eskaliert der Konflikt zunehmend: Die Königin von England fühlt sich sichtlich in der Konfrontation mit der sinnlich-erotischen Maria zurückgesetzt, spricht über deren »Buhlernetze« (V. 2376) und Verführungen (V. 2404). Schließlich holt sie zu einem großen Schlag aus, indem sie Maria vor Lord Leicester auf dieser menschlichen, weiblichen Ebene erniedrigt: »Es kostet nichts, die allgemeine Schönheit / Zu sein als die gemeine sein für alle!« (V. 2417 f.) Maria, die völlig aus den Augen verloren hat, dass sie demütig um Vergebung bitten wollte, schlägt auf der politischen Ebene zurück und qualifiziert Elisabeth als illegitimen Bastard und Thronräuberin ab. Am Ende agieren die Frauen »*höhnisch lachend*« (Elisabeth, V. 2419) und »*vor Zorn glühend*« (Maria, vor V. 2421). Leicester und Shrewsbury, die entsetzt den Verlauf des Gesprächs beobachten, versuchen gegen Ende, Maria zur Mäßigung zu mahnen bzw. Elisabeth wegzuführen. Insgesamt ist der Gesprächsverlauf eine stetige Klimax, die in der Proklamation Marias, sie sei die wahre Königin (V. 2451), und einer gedemütigten Elisabeth, die die Szene sprachlos und zügig verlässt (ebd.), gipfelt.

2.3 Raumkonzept

Gemäß den aristotelischen Einheiten sind die Schauplätze des Dramas überschaubar, jedoch symbolisch aufgeladen. Auch hier findet sich eine symmetrische Aufteilung: Maria wird das Schloss Fotheringhay zugewiesen. Im 1. Akt wird ihr in ihrem Kerkerzimmer der Schmuck genommen. Im letzten Akt erhält sie ihre Habe zurück und geht königlich, als moralische Siegerin, in den Tod. Elisabeth dagegen wird im 2. Akt als Herrscherin im hochherrschaftlichen Palast zu Westminster vorgestellt und erlebt diesen schlussendlich als Ort ihrer Niederlage, in dem sie – von allen verlassen – verbleibt. Das Treffen der beiden Frauen findet an einem Zwischenort statt, dem Garten von Schloss Fotheringhay, der, laut Regieanweisung als »*Gegend in einem Park. Vorn mit Bäumen besetzt, hinten eine weite Aussicht*« (vor V. 2073) dargestellt werden soll. Dieser wird zunächst als Ort der Hoffnung inszeniert: Maria spricht in lyrischen Versen von einem *locus amoenus* (vgl. V. 2075 ff.) – ihre Amme dämpft allerdings die Erwartungen. Auch in der Rede Elisabeths ist der Ort zunächst positiv konnotiert, als stiller Park, der Schutz vor dem Pöbel verspricht (vgl. V. 2227). Mit dem Gespräch kippt jedoch auch die Einschätzung des Ortes: In der nachfolgenden Begegnung mit Mortimer in diesem Park erfüllt mit einem Mal »bewaffnet Volk […] / Den ganzen Garten« (V. 2592 f.) – für Maria gibt es nun sichtlich keinen Ausweg mehr: »Hier ist Gewalt und drinnen ist der Mord« (V. 2597).

2.4 Figurengestaltung

Auch in dieser Hinsicht hält sich Schiller an die aristotelische Dramentheorie: Die Anzahl der handelnden Personen bleibt überschaubar, und diese erfüllen die Ständeklausel, das heißt, dass das Drama wie für die Tragödie vorgegeben in Adelskreisen spielt und die Hauptfiguren aus zwei Königshäusern entstammen. Besonders ist die historische Anbindung, für fast alle Personen – insbesondere für Elisabeth und Maria Stuart – gibt es reale Vorbilder.

2.4.1 Maria

Die Titelfigur des Dramas galt als eine der schönsten und verführerischsten Frauen ihrer Zeit, eine Charakterisierung, die Schiller in dem Schauspiel übernimmt. Daraus resultiert ein Ethos, das man, so die Amme Kennedy, bei einer Frau, »die in der Wiege Königin schon war« (V. 47), auf ihre Jugend zurückführen kann, denn sie war eine »Weichérzogene« (V. 46), die in »jeder Freuden Fülle« (V. 49) aufgewachsen ist. Sie hat dann später ihren »Gemahl ermorden lassen« (V. 1364) und dessen Mörder geheiratet (vgl. V. 1365). Allerdings hat Maria in dem Drama die Phase sittenloser und kalkulierender Verführung hinter sich gelassen und zeigt selbst »nichts Lasterhaftes mehr« (V. 370). Das Verbrechen, dessen sie offiziell beschuldigt und wegen dem sie später dann auch verurteilt wird, ein Anschlag auf Elisabeth, hat sie zudem bei Schiller definitiv nicht begangen: »nie hab ich durch Vorsatz oder Tat / Das Leben meiner Feindin angetastet!« (V. 3729 f.). Diese Anklage speist sich aus der dynastischen Geschichte der Tudors, die ebenfalls historisch korrekt abgebildet wird: Die katholische Maria ist die Cousine Elisabeths, an deren legitimer und königlicher Herkunft kein Zweifel besteht, während die Protestantin Elisabeth aus einer der Ehen Heinrichs VIII. hervorging, die er nach seiner Scheidung und Abwendung von der katholischen Kirche schloss, und daher unter dem Makel der Illegitimität steht.

Im Stück wird Maria eingeführt, wie sie im Kerker, ihrer letzten Schmuckstücke beraubt, den Vorwürfen ihres Bewachers Amias Paulet ausgesetzt, gefasst dem Tod entgegensieht. Im Angesicht ihrer Schuld für die Ermordung ihres Ehemanns, die sie Hanna Kennedy gegenüber bereits im 1. Akt bekennt (vgl. S. 14), akzeptiert sie die drohende Hinrichtung als deren gerechte Folge: »blutig wird sie auch an mir sich rächen, / Du sprichst mein Urteil aus, da du mich tröstest« (V. 321 f.). Als die Möglichkeit sich bietet, unternimmt Maria jedoch durchaus Schritte zu ihrer Befreiung, indem sie Mortimer, der sich als Verbündeter zu erkennen gibt, einen heimlichen Brief an Leicester mitgibt, mit der Bitte um die persönliche Begegnung mit Elisabeth. Im Park von Fotheringhay, noch in Unkenntnis der gleich folgenden Begegnung, zeigt sich bei Maria in der Begeisterung über die schöne Natur und die Idee der Freiheit ihr ganzer Lebenshunger, der in lyrischen Versen aus ihr hervorbricht (V. 2075 ff.). Von Paulet vorgewarnt, erwartet sie dann im Bewusstsein der Bedeutung für ihr Leben die Ankunft der Königin.

2.4.2 Elisabeth

Die Königin von England wird als Gegenspielerin und Rivalin der Maria Stuart vorgestellt, die sie politisch und persönlich angeht. Als Frau und als Königin auf Englands Thron muss Elisabeth vor allem Stärke zeigen, was immer wieder zur Sprache kommt: »Das Weib ist nicht schwach. Es gibt starke Seelen / In dem Geschlecht – Ich will in meinem Beisein /Nichts von der Schwäche des Geschlechtes hören« (V. 1374 ff.). Dabei muss sie sich an einem Männlichkeitsideal messen lassen, dem sie sich mutig stellt: »Ein Weib bin, und ich meinte doch, regiert / Zu haben wie ein Mann und wie ein König« (V. 1170 f.). Im Gegensatz zu Maria, die bereits als Baby gekrönt wurde, musste sie sich ihre Königsherrschaft hart erkämpfen als ein »Bastard« (V. 2446), den der Vater »Zur ersten Pflicht durch Trübsal auferzog« (V. 1383), und ist sich der Fragilität ihrer Situation wohl bewusst. Katholisch und unanfechtbar legitimiert in ihrer königlichen Herkunft, ist Maria Stuart eine unübersehbare Bedrohung, auf die sich alle Feinde Elisabeths berufen können. Insofern fühlt diese sich ihrem Staatsrat und Parlament verpflichtet (V. 1320), die öffentliche Meinung ist ihr wichtig und sie versteht sich in ihrer Rolle als Königin als »Sklav[in] ihres Standes« (V. 1155). Dies alles kommt bereits in den ersten Szenen im Palast zu Westminster Anfang des 2. Akts auf die Bühne, wenn über eine mögliche Heirat mit Frankreich debattiert wird. Davison bringt dabei die öffentliche Stimmungslage auf den Punkt: »Sie geht / Ins Brautgemach, die Stuart geht zum Tode« (V. 1113).

Elisabeth ist sich jedoch der Konsequenzen einer Ehe wohl bewusst, ihr Wunsch »unvermählt zu sterben« (V. 1157) entspringt dem politischen Kalkül als Königin, da eine Ehe für sie immer auch mit persönlichem Machtverlust einhergeht. Als Frau vertraut sie Graf Leicester jedoch ihre Gefühle an, ihren Neid auf »andre Weiber, / Die das erhöhen dürfen, was sie lieben« (V. 1970 f.) und auf Maria Stuart der es »vergönnt [war], / Die Hand nach ihrer Neigung zu verschenken« (V. 1174 f.) und »Den vollen Kelch der Freuden« (V. 1977) auszutrinken. Gerade in diesem Gespräch mit Leicester, den sie liebt, kann sie ihre Eifersucht auf die schöne Rivalin, die »aller Männer Gunst« (V. 1985) gewinnen kann, nicht verbergen. Dass sie deren Tod will, wird spätestens klar, als Elisabeth Mortimer zu einem geheimen Anschlag überreden will – was sie jedoch nicht möchte, ist die Verantwortung dafür in der Öffentlichkeit zu übernehmen, deren Flatterhaftigkeit und Beeinflussbarkeit durch den äußeren Schein (vgl. V. 1601 f.) sie gut kennt. Insofern zögert sie zu Beginn der Begegnungsszene noch, ein öffentliches Urteil auszusprechen.

2.5 Dialoganalyse

Zu Beginn wird die Begegnung der beiden Frauen hauptsächlich von Elisabeth dominiert. Sie fragt, scheinbar unwissend, nach dem Aufenthaltsort und betont gesprächig ihre Beliebtheit als Königin beim Volk, das sie verehre wie einen »Gott, nicht einen Menschen« (V. 2231). Dabei fixiert sie – laut Regieanweisung – Maria mit den Augen. Maria wirft sich zunächst wortlos, wie ein kleines Kind, schaudernd »*an der Amme Brust*« (ebd.) und eröffnet dann den Dialog mit einer Apostrophe »O Gott, aus diesen Zügen spricht kein Herz!« (V. 2232). Damit steigt sie schon auf hohem Erregungsniveau in das Gespräch ein. Auf den Zuschauenden wirkt diese Haltung mitleiderregend und fordert zur Identifikation auf. Von Anfang an wird das Publikum damit auf die Seite Marias geführt, Elisabeth verbleibt als kaltherzige Gegenspielerin.

Den folgenden Gesprächsabschnitt beginnt Maria an das Publikum gewandt, unter anderem mit der Metonymie »Die mich in diese Schmach herunterstieß« (V. 2249), die ganz klar die Schuld Elisabeths formuliert. Dann wendet sie sich der Königin zu und folgt zunächst der Logik der Unterwerfung, sie gibt nach und nach alle politischen Ansprüche und Rechtspositionen auf und erniedrigt sich vor Elisabeth: Sie »*fällt vor ihr nieder*« (nach V.2252), will »vergessen wer ich bin und was« (V. 2247), sieht ab von Schuldfragen (V. 2308) und entsagt schließlich »Jedwedem Anspruch auf dies Reich« (V. 2379). Sprachlich wird das flankiert durch eine metaphernreiche Ausdrucksweise, die sehr emotional wirkt. So wird etwa Elisabeth mit einer »Felsenklippe, die der Strandende / Vergeblich ringend zu erfassen strebt« (V. 2270 f.), verglichen, fesselt ein personifiziertes »Grausen« (V. 2277) die Flehende usw. Gleichzeitig appelliert Maria mehrfach an die »Schwester«, betont damit die Gleichheit der Herkunft und versucht über positiv konnotierte Adjektive, wie »glücklich Haupt« (V. 2251) und »edelmütig« (V. 2253) Wohlwollen zu gewinnen.

Elisabeth entzieht sich dagegen von Anfang an jedem Versöhnungsversuch, körperlich sichtbar, indem sie der auf Knien um »die königliche Rechte« (V. 2255) flehenden Maria »*zurücktretend*« (vor V. 2257) begegnet. Sie wirkt unbarmherzig und abweisend, sprachlich wirken ihre zahlreichen rhetorischen Fragen brüsk. Die Sympathien des Publikums verbleiben auf der Seite der zunehmend verzweifelten Maria. Mit Aussprechen des Höhepunkts, des Verzichts auf die englische Königswürde, kippt das Gespräch vollends. Elisabeth holt zum umfassenden Schlag aus, der die Kontrahentin in ihrer menschlichen – und weiblichen – Würde vernichten soll, und qualifiziert sie letztlich als Hure ab (vgl. V. 2417 f.). Das kann Maria so nicht stehen lassen, will sie ihr Rückgrat bewahren. In diesem Moment gibt sie jedes Kalkül auf Begnadigung auf und zieht »*von Zorn glühend, doch mit einer edlen Würde*« (vor V. 2421) in die verbale Schlacht. Zentral sind dabei zum einen ihre Selbstaussage »ich bin besser als mein Ruf« (V. 2426), der das Publikum an dieser Stelle nur beipflichten kann, und die Anklage, Elisabeth sei eine »list'ge Gauklerin« (V. 2449). Die Einwürfe der beiden anwesenden Männer, Shrewsbury und Leicester, wirken in diesem Kontext hilflos und fachen das Feuer eher an. Maria beherrscht letztlich die Szene mit der Erneuerung ihres politischen und rechtlichen Anspruchs, wobei sie ein Bild aufnimmt, das als Parallelismus den Auftritt durchzieht, nämlich die Frage, wer wem zu Füßen liege. Elisabeth führt den Gedanken ein (V. 2257), Maria greift ihn auf, wenn sie angesichts des Thronverzichts versichert: »[Nie] möcht ich vor Euch so stehen, wie I h r vor mir« (V. 2401), und kehrt die Verhältnisse nun drastisch um: »Regierte Recht, so läget I h r vor mir / Im Staube jetzt, denn i c h bin euer König« (V. 2450 f.). Elisabeth lässt Maria das letzte Wort. Die Regieanweisungen regeln ihren Abgang auf eine Weise, dass der Zuschauende den Eindruck gewinnt, sie liefe letzten Endes davon.

3 Interpretation der Szene

■ 3 »... denn ich bin euer König«: Interpretation der Szene

Elisabeth lässt sich auf die Begegnung mit Maria ein, weil Leicester ihr die Möglichkeit eines Triumphs als Frau über die verhasste schöne Rivalin in Aussicht stellt, wenn er darauf verweist, dass es Maria peinigen würde »sich / Von deinen Reizen ausgelöscht zu sehn« (V. 2026 f.). In der direkten Begegnung »*fixiert* [sie] *mit den Augen die Maria*« (nach V. 2226), und man darf vermuten, dass die folgende, konsequente Zurückweisung und Ablehnung darauf schließen lassen, dass sich Elisabeth keineswegs der anderen Frau als Frau überlegen fühlt. Vielmehr wird sehr schnell deutlich, dass es Elisabeth darum geht, Maria Stuart vor und in den Augen Lord Leicesters herabzuwürdigen. Am Höhepunkt ihrer Abwertungsstrategie steht dabei ein Angriff auf Marias personale Würde als Frau: Zunächst verweist Elisabeth die Rivalin auf ihren Platz zu ihren Füßen (vgl. V. 2257), zu der sie weit heruntersteigen müsse (vgl. V. 2258 f.), flankiert mit Hinweisen auf die politischen Vorwürfe, wie den Mordanschlag, und ihre religiösen Hintergründe. Als Maria schließlich sogar ihren Thronanspruch aufgibt – Schiller lässt hier keinen Zweifel, dass der Anspruch berechtigt ist –, kommt Elisabeth zum Kernpunkt dessen, was sie in dieser Situation bewegt, und diskreditiert in einem bösartigen Wortspiel Maria als Hure. Dass sie dabei explizit Leicester anspricht – »Das also sind die Reizungen, Lord Leicester, / Die ungestraft kein Mann erblickt« (V. 2412 f.) –, zeigt ihre eigentliche Motivation. Schiller konstruiert hier geschickt eine menschlich nachvollziehbare Situation, in der es für Maria Stuart moralisch unmöglich ist, ihre so aggressiv in Frage gestellte Integrität nicht zu verteidigen. Sie tut dies leidenschaftlich und »*mit einer edeln Würde*« (vor V. 2421). Damit verabschiedet sie sich von der potenziell lebensrettenden Unterwerfung und tritt ein für die Bewahrung ihrer personalen und politischen Integrität. Sie kontert die Fallhöhe, die Elisabeth postuliert hatte, mit dem Verweis auf die fragwürdige Herkunft der Gegnerin und erneuert den zuvor aufgegebenen Rechtsanspruch auf den Thron, stellt damit also die dramenintern rechtmäßigen Verhältnisse in den Mittelpunkt. Da Maria in diesem Zuge zunächst darauf verweist, dass sie »menschlich, jugendlich gefehlt« (V. 2421) habe, um sich dann – in aller Freiheit, ungeachtet der tödlichen Konsequenzen – für eine autonome Proklamation des Gerechten und Richtigen zu entscheiden, nimmt an dieser Stelle das Ende des Dramas vorweg. Maria gewinnt ihre angegriffene Menschenwürde zurück, Elisabeth muss an dieser Stelle wortlos weichen. Damit triumphiert Maria Stuart ideell über ihre Rivalin. Sie ist letztlich unschuldig, da sie für eine längst vergebenen Schuld büßt, und bewahrt beim Gang in den Tod ihre Menschlichkeit und Würde: »Die Krone fühl ich wieder auf dem Haupt, / Den würd'gen Stolz in meiner edeln Seele« (V. 3493 f.).

4 Die Idee der Humanität in *Maria Stuart* und in *Iphigenie auf Tauris*

■ 4 Die Idee der Humanität in *Maria Stuart* und in *Iphigenie auf Tauris*

Humanität ist eine der zentralen Leitideen der Weimarer Klassik, sie galt den beiden Hauptvertretern, Goethe und Schiller, als ein realisierbares Ideal – man ging davon aus, dass der Mensch zum »Guten«, das bedeutet zu Vernunft und zum moralischen Handeln, erziehbar sei. Mittel dazu ist die Kunst und hier besonders das Theater, das die Welt verbessern soll, hin zum Wahren, Guten und Schönen. Von daher liegt es nahe, auf der Suche nach der Verwirklichung der Idee der Humanität in dieser Epoche und bei diesen Autoren zu bleiben. Ganz besonders bietet sich in diesem Kontext ein Drama an, von dem der Autor, Johann Wolfgang Goethe, in einem Brief an Schiller selbst schrieb, es sei »ganz verteufelt human«: *Iphigenie auf Tauris.*

Das Stück knüpft an die griechische Mythologie an und greift Teile der Tantaliden-Sage auf. Iphigenie wird von der Göttin Diana auf die Insel Tauris entrückt, als ihr Vater sie opfern will. Dort wird sie deren Priesterin und bewegt als solche den Taurerkönig Thoas, auf Menschenopfer zu verzichten. Um ihre Freiheit – vor allem zur Heimkehr ins ersehnte Griechenland – zu bewahren, lehnt sie eine Ehe mit Thoas ab. Dieser drängt sie daraufhin, die nächsten Fremden, die die Insel betreten, zu opfern. Das sind jedoch ausgerechnet ihr Bruder Orest uns dessen Freund. Orest hat es nach Tauris verschlagen, weil er laut Orakelspruch die »Schwester« nach Hause bringen soll, um sich von einem Fluch zu befreien. Orest vermutet, dass es dabei um Apollons Zwillingsschwester, die Göttin Diana, handle, und möchte ihre Statue stehlen. Iphigenie steht in dem Dilemma zwischen einer Flucht mit dem Bruder und der gestohlenen Statue, bei der sie Thoas hintergeht, und ihrer Pflicht als Priesterin, die den Tod des Bruders nach sich zieht. Sie entscheidet, sich an Thoas zu wenden, ihm wahrheitsgemäß den Fluchtplan zu eröffnen und an seine Humanität zu appellieren. Thoas lässt sich von der Wahrheit umstimmen, und der Orakelspruch findet nun seine richtige Deutung – Iphigenie selbst ist die »Schwester«, die nach Hause gebracht werden soll, nicht die Statue.

Gemeinsam ist den beiden Dramen, *Iphigenie auf Tauris* und *Maria Stuart*, dass jeweils starke Frauen im Mittelpunkt stehen, deren Freiheit bedroht ist. »Ich bin so frei geboren als ein Mann« (Johann Wolfgang Goethe, *Iphigenie auf Tauris*, Stuttgart 1986, S. 54), proklamiert Iphigenie gegenüber Thoas und verlässt in Freiheit (und in Frieden mit dem Taurerkönig) die Insel. Auch Maria geht in Freiheit: »Mein Kerker aufgeht, und die frohe Seele sich / Auf Engelsflügeln schwingt zur ew'gen Freiheit« (V. 3483 f.) – allerdings ist dies nur eine ideelle Freiheit, in der Realität geht sie in den Tod. Beide Frauen sind auch in ihrer Würde bedroht. Iphigenie muss eine Entscheidung treffen, die zunächst am Maßstab der Humanität ausweglos erscheint: Entweder wird sie zur Diebin oder zur Mörderin. Maria ist ebenso in einer schier unlösbaren Zwickmühle: Entweder demütigt sie sich fortgesetzt vor der Widersacherin und lässt es zu, dass diese sie bis zum Letzten erniedrigt, oder sie bewahrt ihren Stolz und ihre Integrität und nimmt damit ihre Verurteilung und Hinrichtung in Kauf. Beide Frauen treffen eine autonome Entscheidung und verpflichten sich der Menschenwürde. Beide Frauen tun dies angesichts lebensbedrohlicher Konsequenzen – in beiden Dramen wird deutlich, dass die Menschlichkeit über alle irdischen Belange, und sei es der Tod, geht.

Der Unterschied zwischen *Iphigenie auf Tauris* und *Maria Stuart* besteht jedoch darin, dass Maria real scheitert und nur ideell triumphiert. Iphigenie aber hat letztlich Beistand von gütigen Göttern; Goethe verwirklicht damit ein mythologisches Paradigma zeitloser glücklicher Humanität.

5 Schluss

5 Schluss

Menschenwürde und die Idee der Humanität sind, wie bereits ein Blick in das Grundgesetz beweist, heute zentrale Leitideen unserer gesellschaftlichen Werte. Umgesetzt sind sie jedoch, trotz vieler Bemühungen, noch lange nicht – und so tun sich zeitgenössische Zuschauer in der Regel mit Schillers *Maria Stuart*, bei der Maria die Bühne zwar als moralische Siegerin verlässt, de facto aber die Macht doch das Recht geschlagen hat, leichter, als mit Iphigenie, bei der das ›reine Herz‹ (*Iphigenie auf Tauris*, Reclam XL, S. 49) auf ganzer Linie siegt.

Lösungshinweise zu ARBEITSBLATT 1 (➤ S. 94 f.)

Maria Stuart

PERSONEN: Elisabeth, Königin von England – Maria Stuart, Königin von Schottland, Gefangene in England – Robert Dudley, Graf von Leicester – Georg Talbot, Graf von Shrewsbury – Wilhelm Cecil, Baron von Burleigh, Großschatzmeister – Wilhelm Davison, Staatssekretär – Amias Paulet, Ritter, Hüter der Maria – Mortimer, sein Neffe – Graf Aubespine, französischer Gesandter – Melvil, Haushofmeister der Maria – Hanna Kennedy, ihre Amme – u. a.

	Vorgeschichte	Handlung des Dramas	Das tragische Ende
Maria	Maria, Königin von Schottland, lädt moralisch schwere Schuld auf sich, flieht aus Schottland und sucht Hilfe bei Elisabeth	Marias Kerker wird durchsucht. Mortimer stellt Maria Rettung in Aussicht, doch Burleigh überbringt das Gerichtsurteil – schuldig.	Maria – verurteilt zu Tod durch Enthauptung.
Elisabeth	Elisabeth, Königin von England, lässt ihre Konkurrentin Maria, als diese England erreicht, gefangen nehmen	Persönliches Streitduell der Königinnen führt zur Katastrophe: Elisabeth unterzeichnet den Befehl, Maria hinzurichten.	Elisabeth will das Todesurteil aufschieben – doch es ist bereits vollstreckt.

Die zentralen Nebenfiguren

 **Hanna Kennedy**	**Baron von Burleigh:** Wenn wir nicht ewig für dein kostbares Leben zittern sollen, so muss die Feindin untergehen! (Vers: 1258)	 **Graf von Leicester**	**Graf von Shrewsbury:** Man will dich übereilen, Königin! O halte fest, sei standhaft – (Vers: 3077)	 **Mortimer**
Hanna Kennedy: Seid ohne Furcht! Maria Stuart wird als eine Königin und Heldin sterben. (Vers: 3379 f.)	 **Baron von Burleigh**	**Graf von Leicester:** Erfährt die Königin, dass zwischen mir und der Maria Verständnisse gewesen – Gott! Wie schuldig steh ich vor ihr! (Vers: 2743)	 **Graf von Shrewsbury**	**Mortimer:** Fluch und Verderben euch, die ihren Gott und ihre wahre Königin verraten! (Vers: 2811)

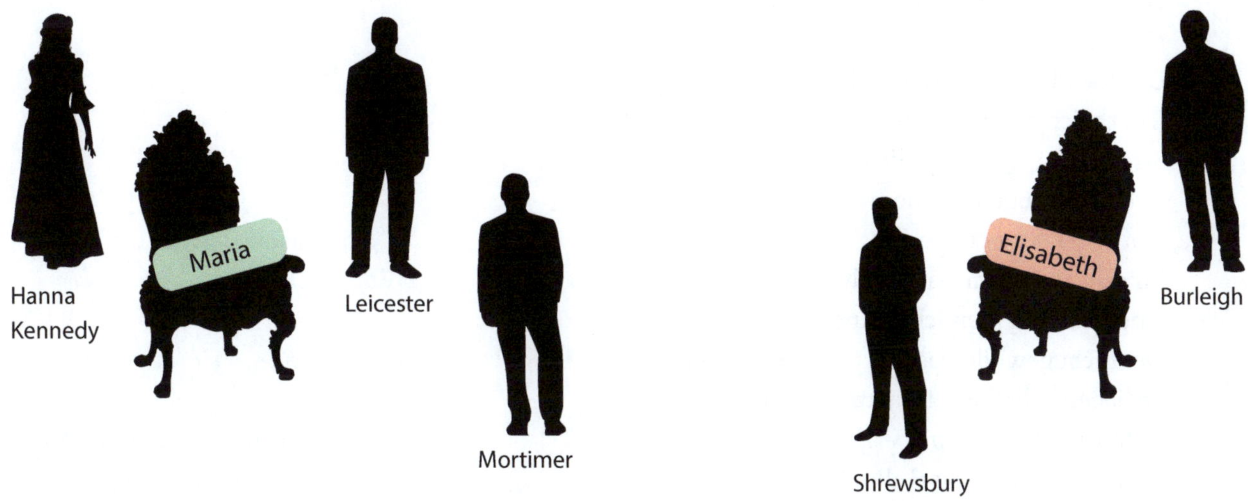

Was reden die da eigentlich?

Dialog Maria – Elisabeth (III,4)

Teil 1

ELISABETH. Wer ist die Lady? […]
Wer war es denn, der eine Tiefgebeugte
Mir angekündigt? Eine Stolze find ich,
Vom Unglück keineswegs geschmeidigt.

Wer hat gesagt, dass sie total fertig ist?
Die ist stolz.

MARIA. Sei's!
Ich will mich auch noch diesem unterwerfen.
Fahr hin, ohnmächt'ger Stolz der edeln Seele!
Ich will vergessen, wer ich bin, und was
Ich litt, ich will vor ihr mich niederwerfen,
Die mich in diese Schmach herunterstieß.
(Sie wendet sich gegen die Königin.)
Der Himmel hat für Euch entschieden, Schwester!
Gekrönt vom Sieg ist Euer glücklich Haupt,
Die Gottheit bet ich an, die Euch erhöhte!
(Sie fällt vor ihr nieder.)
Doch seid auch Ihr nun edelmütig, Schwester!
Lasst mich nicht schmachvoll liegen, Eure Hand
Streckt aus, reicht mir die königliche Rechte,
Mich zu erheben von dem tiefen Fall.

Na gut, dann knie ich vor dir, du bist die Siegerin *(tut es)*.
Nun sei auch du großzügig und gib mir die Möglichkeit, da wieder rauszukommen.

ELISABETH *(zurücktretend)*.
Ihr seid an Eurem Platz, Lady Maria!
Und dankend preis ich meines Gottes Gnade,
Der nicht gewollt, dass ich zu Euren Füßen
So liegen sollte, wie Ihr jetzt zu meinen.

Du bist genau da, wo du hingehörst.
Gott sei Dank!

MARIA *(mit steigendem Affekt)*.
Denkt an den Wechsel alles Menschlichen!

Du bist knallhart, wir sind doch verwandt!
Nun sei doch nicht so, bitte –

Es leben Götter, die den Hochmut rächen!
Verehret, fürchtet sie, die schrecklichen,
Die mich zu Euren Füßen niederstürzen –
Um dieser fremden Zeugen willen, ehrt
In mir Euch selbst, entweihet, schändet nicht
Das Blut der Tudor, das in meinen Adern
Wie in den Euren fließt – O Gott im Himmel!
Steht nicht da, schroff und unzugänglich, wie
Die Felsenklippe, die der Strandende
Vergeblich ringend zu erfassen strebt.
Mein Alles hängt, mein Leben, mein Geschick,
An meiner Worte, meiner Tränen Kraft,
Löst mir das Herz, dass ich das Eure rühre!
Wenn Ihr mich anschaut mit dem Eisesblick,
Schließt sich das Herz mir schaudernd zu, der Strom
Der Tränen stockt, und kaltes Grausen fesselt
Die Flehensworte mir im Busen an.

Was red ich da, das ist komplett sinnlos.

Teil 2

ELISABETH *(kalt und streng).*
Was habt Ihr mir zu sagen, Lady Stuart?
Ihr habt mich sprechen wollen. Ich vergesse
Die Königin, die schwer beleidigte,
Die fromme Pflicht der Schwester zu erfüllen,
Und meines Anblicks Trost gewähr ich Euch.
Dem Trieb der Großmut folg ich, setze mich
Gerechtem Tadel aus, dass ich so weit
Heruntersteige – denn Ihr wisst,
Dass Ihr mich habt ermorden lassen wollen.

Was willst du, sag schon! Wenn ich jetzt schon so gnädig bin, dass du mich sehen darfst, obwohl du mich ermorden lassen wolltest.

MARIA. Womit soll ich den Anfang machen, wie
Die Worte klüglich stellen, dass sie Euch
Das Herz ergreifen, aber nicht verletzen!
O Gott, gib meiner Rede Kraft, und nimm
Ihr jeden Stachel, der verwunden könnte!
Kann ich doch für mich selbst nicht sprechen, ohne Euch
Schwer zu verklagen, und das will ich nicht.
– Ihr habt an mir gehandelt, wie nicht recht ist,
Denn ich bin eine Königin wie Ihr,
Und Ihr habt als Gefangne mich gehalten,
Ich kam zu Euch als eine Bittende,
Und Ihr, des Gastrechts heilige Gesetze,
Der Völker heilig Recht in mir verhöhnend,
Schlosst mich in Kerkermauern ein, die Freunde,
Die Diener werden grausam mir entrissen,

O Gott, wie sag ich das jetzt bloß, ohne sie direkt anzuklagen?
Ich wollte nur Hilfe und bin gleich eingesperrt worden, aber vergessen wir das, niemand war schuld.
Jetzt, Schwester, bist du da: Sag mir, was ich gemacht habe, ich will alles vollständig erklären.

Unwürd'gem Mangel werd ich preisgegeben,
Man stellt mich vor ein schimpfliches Gericht –
Nichts mehr davon! Ein ewiges Vergessen
Bedecke, was ich Grausames erlitt.
– Seht! Ich will alles eine Schickung nennen,
Ihr seid nicht schuldig, ich bin auch nicht schuldig,
Ein böser Geist stieg aus dem Abgrund auf,
Den Hass in unsern Herzen zu entzünden,
Der unsre zarte Jugend schon entzweit.
Er wuchs mit uns, und böse Menschen fachten
Der unglücksel'gen Flamme Atem zu.
Wahnsinn'ge Eiferer bewaffneten
Mit Schwert und Dolch die unberufne Hand –
Das ist das Fluchgeschick der Könige,
Dass sie, entzweit, die Welt in Hass zerreißen,
Und jeder Zwietracht Furien entfesseln.
– Jetzt ist kein fremder Mund mehr zwischen uns,
(nähert sich ihr zutraulich und mit schmeichelndem Ton)
Wir stehn einander selbst nun gegenüber.
Jetzt, Schwester, redet! Nennt mir meine Schuld,
Ich will Euch völliges Genügen leisten.
Ach, dass Ihr damals mir Gehör geschenkt,
Als ich so dringend Euer Auge suchte!
Es wäre nie so weit gekommen, nicht
An diesem traur'gen Ort geschähe jetzt
Die unglückselig traurige Begegnung.

Teil 3

ELISABETH. Mein guter Stern bewahrte mich davor,
Die Natter an den Busen mir zu legen.
– Nicht die Geschicke, Euer schwarzes Herz
Klagt an, die wilde Ehrsucht Eures Hauses.
Nichts Feindliches war zwischen uns geschehn,
Da kündigte mir Euer Ohm, der stolze,
Herrschwüt'ge Priester, der die freche Hand
Nach allen Kronen streckt, die Fehde an,
Betörte Euch, mein Wappen anzunehmen,
Euch meine Königstitel zuzueignen,
Auf Tod und Leben in den Kampf mit mir
Zu gehn – Wen rief er gegen mich nicht auf?
Der Priester Zungen und der Völker Schwert,
Des frommen Wahnsinns fürchterliche Waffen,
Hier selbst, im Friedenssitze meines Reichs,
Blies er mir der Empörung Flammen an –

Du wolltest meinen Königstitel und mich ermorden. Jetzt stirbst du!

Lösungshinweise zu ARBEITSBLATT 5 (➤ S. 32–37) (Seite 4 von 6)

Doch Gott ist mit mir, und der stolze Priester
Behält das Feld nicht – Meinem Haupte war
Der Streich gedrohet, und das Eure fällt!

MARIA. Ich steh in Gottes Hand. Ihr werdet Euch
So blutig Eurer Macht nicht überheben –

> Das wagst du nicht!

ELISABETH. Wer soll mich hindern? Euer Oheim gab
Das Beispiel allen Königen der Welt,
Wie man mit seinen Feinden Frieden macht,
Die Sankt Barthelemi sei meine Schule!
Was ist mir Blutsverwandtschaft, Völkerrecht?
Die Kirche trennet aller Pflichten Band,
Den Treubruch heiligt sie, den Königsmord,
Ich übe nur, was Eure Priester lehren.
Sagt! Welches Pfand gewährte mir für Euch,
Wenn ich großmütig Eure Bande löste?
Mit welchem Schloss verwahr ich Eure Treue,
Das nicht Sankt Peters Schlüssel öffnen kann?
Gewalt nur ist die einz'ge Sicherheit,
Kein Bündnis ist mit dem Gezücht der Schlangen.

> Wer soll mich daran hindern?
> Ich bin nur in Sicherheit, wenn du stirbst.

MARIA. O das ist Euer traurig finstrer Argwohn!
Ihr habt mich stets als eine Feindin nur
Und Fremdlingin betrachtet. Hättet Ihr
Zu Eurer Erbin mich erklärt, wie mir
Gebührt, so hätten Dankbarkeit und Liebe
Euch eine treue Freundin und Verwandte
In mir erhalten.

> Weil du mich immer als Feindin siehst. Ich wäre deine beste Freundin, wenn du mich zu deiner Erbin erklärt hättest.

Teil 4

ELISABETH. Draußen, Lady Stuart,
Ist Eure Freundschaft, Euer Haus das Papsttum,
Der Mönch ist Euer Bruder – Euch, zur Erbin
Erklären! Der verräterische Fallstrick!
Dass Ihr bei meinem Leben noch mein Volk
Verführtet, eine listige Armida
Die edle Jugend meines Königreichs
In Eurem Buhlernetze schlau verstricktet –
Dass alles sich der neu aufgehnden Sonne
Zuwendete, und ich –

> Geht's noch? Dass sich dann alle dir zuwenden?

MARIA. Regiert in Frieden!
Jedwedem Anspruch auf dies Reich entsag ich.
Ach, meines Geistes Schwingen sind gelähmt,
Nicht Größe lockt mich mehr – Ihr habt's erreicht,
Ich bin nur noch der Schatten der Maria.
Gebrochen ist in langer Kerkerschmach

> Regier in Frieden, ich will dein Reich nicht mehr!
> Der Kerker hat mich fertiggemacht, lass mich einfach frei.

Lösungshinweise zu ARBEITSBLATT 5 (➤ S. 32–37) (Seite 5 von 6)

Der edle Mut – Ihr habt das Äußerste an mir
Getan, habt mich zerstört in meiner Blüte!
– Jetzt macht ein Ende, Schwester. Sprecht es aus,
Das Wort, um dessentwillen Ihr gekommen,
Denn nimmer will ich glauben, dass Ihr kamt,
Um Euer Opfer grausam zu verhöhnen.
Sprecht dieses Wort aus. Sagt mir: »Ihr seid frei,
Maria! Meine Macht habt Ihr gefühlt,
Jetzt lernet meinen Edelmut verehren!«
Sagt's, und ich will mein Leben, meine Freiheit
Als ein Geschenk aus Eurer Hand empfangen.
– Ein Wort macht alles ungeschehn. Ich warte
Darauf. O lasst mich's nicht zu lang erharren!
Weh Euch, wenn Ihr mit diesem Wort nicht endet!
Denn wenn Ihr jetzt nicht segenbringend, herrlich,
Wie eine Gottheit von mir scheidet – Schwester!
Nicht um dies ganze reiche Eiland, nicht
Um alle Länder, die das Meer umfasst,
Möcht ich vor Euch so stehn, wie Ihr vor mir!

ELISABETH. Bekennt Ihr endlich Euch für überwunden?
Ist's aus mit Euren Ränken? Ist kein Mörder
Mehr unterweges? Will kein Abenteurer
Für Euch die traur'ge Ritterschaft mehr wagen?
– Ja, es ist aus, Lady Maria. Ihr verführt
Mir keinen mehr. Die Welt hat andre Sorgen.
Es lüstet keinen Euer – vierter Mann
Zu werden, denn Ihr tötet Eure Freier
Wie Eure Männer!

Was, hast du keinen Liebhaber mehr übrig, der mich umbringen will?

MARIA *(auffahrend)*. Schwester! Schwester!
O Gott! Gott! Gib mir Mäßigung!

Also bitte!

Teil 5

ELISABETH *(sieht sie lange mit einem Blick stolzer Verachtung an.)*.
Das also sind die Reizungen, Lord Leicester,
Die ungestraft kein Mann erblickt, daneben
Kein andres Weib sich wagen darf zu stellen!
Fürwahr! Der Ruhm war wohlfeil zu erlangen,
Es kostet nichts, die allgemeine Schönheit
Zu sein, als die gemeine sein für alle!

Was ist so toll an dieser Schlampe, Lord Leicester?

MARIA. Das ist zu viel!

Das ist zu viel!

ELISABETH *(höhnisch lachend)*. Jetzt zeigt Ihr Euer wahres
Gesicht, bis jetzt war's nur die Larve.

Jetzt zeigst du dein wahres Gesicht!

MARIA *(von Zorn glühend, doch mit einer edeln Würde)*.
Ich habe menschlich, jugendlich gefehlt,

Die Macht verführte mich, ich hab es nicht
Verheimlicht und verborgen, falschen Schein
Hab ich verschmäht, mit königlichem Freimut.
Das Ärgste weiß die Welt von mir und ich
Kann sagen, ich bin besser als mein Ruf.
Weh Euch, wenn sie von Euren Taten einst
Den Ehrenmantel zieht, womit Ihr gleißend
Die wilde Glut verstohlner Lüste deckt.
Nicht Ehrbarkeit habt Ihr von Eurer Mutter
Geerbt, man weiß, um welcher Tugend willen
Anna von Boleyn das Schafott bestiegen. […]
Mäßigung! Ich habe
Ertragen, was ein Mensch ertragen kann.
Fahr hin, lammherzige Gelassenheit,
Zum Himmel fliehe, leidende Geduld,
Spreng endlich deine Bande, tritt hervor
Aus deiner Höhle, langverhaltner Groll –
Und du, der dem gereizten Basilisk
Den Mordblick gab, leg auf die Zunge mir
Den gift'gen Pfeil – […]
Der Thron von England ist durch einen Bastard
Entweiht, der Briten edelherzig Volk
Durch eine list'ge Gauklerin betrogen.
– Regierte Recht, so läget Ihr vor mir
Im Staube jetzt, denn ich bin Euer König.
(Elisabeth, für Zorn sprachlos, schießt wütende Blicke auf Marien.)

Du bist genauso eine Nutte, wie deine Mutter!
Mit reicht's!
Rechtmäßig bin ich deine Königin und du müsstest knien!

Lösungshinweise zu ARBEITSBLATT 6b (➤ S. 43)

Änderung der Rahmenbedingungen

Arbeitsauftrag 1: Die politische Komponente

Es herrschen keine absolutistischen Herrschaftsstrukturen, sondern die Rechtsprechung unterliegt der Gewaltenteilung. Maria Stuart bekommt einen ordentlichen Prozess.

1. Wie wäre dieser aufgebaut, wer würde unter welchen Bedingungen urteilen?

Es gäbe ein unabhängiges Gericht mit einem unabhängigen Richter. Dieser würde die von einer unabhängigen Exekutive gesammelten Beweise sichten und der Angeklagten bzw. deren Strafverteidiger die Möglichkeit zu einer durchdachten Verteidigung auf der Basis vorheriger Akteneinsicht geben. Ein Einzelfallgesetz gäbe es nicht.

2. Wie würde Elisabeth agieren?

Sie würde sich dem Gericht unterwerfen und höchstens eigene Zeugen und eine eigene Aussage mit einbringen können.

3. Welche Rolle käme den Höflingen zu?

Die Höflinge hätten nichts zu sagen, wären reine Zuschauer.

4. Welche Auswirkungen könnte das auf das Urteil haben?

Wenn Maria unschuldig ist, könnte ihr eine Schuld nicht nachgewiesen werden.

Arbeitsauftrag 2: Die erotische Komponente

Mann und Frau sind gleichberechtigt und werden in der Gesellschaft so wahrgenommen. Es ist für eine Frau möglich, gleichzeitig weiblich im Sinn von sinnlich/attraktiv für Männer, ggf. Mutter und Ehefrau *und zugleich* politisch machtvoll/stark als Herrscherin zu sein.

1. Was ändert sich für Maria, was für Elisabeth?

Maria würde nicht automatisch unterstellt, nur weil sie ihre Weiblichkeit auslebt, sei sie auch im politischen Geschehen irrational, leidenschaftlich und gefühlsduselig. Elisabeth wäre eventuell verheiratet und Mutter, aber trotzdem machtvolle Herrscherin.

2. Wie ändert sich das Verhältnis der beiden?

Sie könnten sich »von Frau zu Frau« begegnen, die Konkurrenz auf dem Gebiet der Weiblichkeit entfiele. Wenn Elisabeth glückliche Ehefrau wäre, spielte auch die Anwesenheit von Lord Leicester nicht die eifersuchtserregende Rolle.

3. Welche Auswirkungen könnte das auf das Urteil haben?

Die persönliche Rivalität wäre so nicht vorhanden. Elisabeth könnte mit kühlem Kopf urteilen und gegebenenfalls auch ihr Gewissen mit ins Spiel bringen.

Lösungshinweise zu ARBEITSBLATT 7a (➤ S. 47)

Schillers Sprache unter der Lupe

MARIA. Ich bin die Schwache, sie die Mächt'ge – Wohl!
Sie brauche die Gewalt, sie töte mich,
Sie bringe ihrer Sicherheit das Opfer.
Doch sie gestehe dann, dass sie die Macht
Allein, nicht die Gerechtigkeit geübt.
Nicht vom Gesetze borge sie das Schwert,
Sich der verhassten Feindin zu entladen,
Und kleide nicht in heiliges Gewand
Der rohen Stärke blutiges Erkühnen.
Solch Gaukelspiel betrüge nicht die Welt!
Ermorden lassen kann sie mich, nicht richten!
Sie geb es auf, mit des Verbrechens Früchten
Den heil'gen Schein der Tugend zu vereinen,
Und was sie i s t, das wage sie zu scheinen!

Maria Stuart, Reclam XL, V. 961–974.

Arbeitsaufträge:

1. Untersuchen Sie folgende Aspekte:
   - Beschreiben Sie die Sprachebene.
   - Unterstreichen Sie betonte Silben und charakterisieren Sie das Metrum.
   - Bestimmen Sie folgende Stilmittel:

     Antithese
     Parallelismus
     Chiasmus
     Metapher
     Klimax
     Inversion
   - Markieren Sie Stellen, an denen Schiller »lyrisiert«, d. h., wo der Text sich reimt, mit einem Bogen:)
2. Welche Wirkung(en) erzielen diese sprachlichen Mittel?

   Die gehobene Sprachebene verdeutlicht zunächst den Stand der Figuren. Durch die hohe Dichte der verwendeten Stilmittel wird zudem die Sprache idealisiert und Pathos erzeugt, das den Zuschauer zum »Mitleiden« bewegen soll. Die Reime heben die markanten Stellen – hier den Unterschied von Sein und Schein – besonders eindringlich hervor. Das gilt auch für die zahlreichen Antithesen.

Lösungshinweise zu ARBEITSBLATT 7b (➤ S. 48)

Dramenstruktur bei *Maria Stuart*

2.

Akt
Dritter Aufzug

Funktion
Höhepunkt und Peripetie

Ort und dramatisches Geschehen
Park bei Schloss Fotheringhay:
- Unterredung zwischen Elisabeth und Maria

Akt
Zweiter Aufzug

Funktion
Steigende Handlung

Ort und dramatisches Geschehen
Palast zu Westminster:
- Darstellung des Konflikts mit Maria
- Unterredung wird arrangiert

Akt
Vierter Aufzug

Funktion
Retardierendes Moment, fallende Handlung

Ort und dramatisches Geschehen
Palast zu Westminster:
- Der Befehl zu Marias Hinrichtung wird von Elisabeth unterzeichnet

Akt
Erster Aufzug

Funktion
Exposition

Ort und dramatisches Geschehen
Schloss Fotheringhay:
- Prozessergebnis wird erwartet
- Maria bittet um eine private Unterredung
- Marias Vorgeschichte

Akt
Fünfter Aufzug

Funktion
Katastrophe

Ort und dramatisches Geschehen
Schloss Fotheringhay, Palast zu Westminster:
- Hinrichtung Marias und die Folgen

3.
- Einheit der Zeit: drei Tage, wobei der zweite, dritte und vierte Aufzug an einem einzigen Tag spielen
- Einheit der Handlung: im Mittelpunkt stehen die beiden Königinnen, keine Nebenhandlungen
- Einheit des Ortes: zwei Handlungsorte, Schloss Fotheringhay, der Aufenthaltsort Maria Stuarts, und der Palast zu Westminster, Regierungssitz Elisabeths

4. Wie will Schiller dies in *Maria Stuart* bewirken?
Man sieht die Katastrophe von Anfang an kommen; durch das Engagement Mortimers, Lord Leicesters Doppelspiel und Burleighs Kompromisslosigkeit führen dramatische Wendungen und retardierende Momente zu »Furcht und Mitleid«, da sich die Sympathie des Zuschauers zunehmend Maria zuwendet, zumal auch Elisabeth die Hinrichtung verhindern will, und die Spannung immer größer wird. Die Reinigung (Katharsis) besteht darin, dass Maria zum Schluss gerechtfertigt, mit den Sakramenten der Kirche und aufrecht in den Tod geht, während die Intriganten irdischen Strafen zugeführt bzw. von Angst gepackt werden (Elisabeth).

Lösungshinweise zu ARBEITSBLATT 9a (➤ S. 60)

Ein Interview mit Friedrich Schiller

Maria Stuart bezieht sich auf historische Stoffe. Man wirft Ihnen vor, dass Sie es mit der historischen Wahrheit aber nicht so genau nehmen. Wie stehen Sie dazu?

Behandelt [die Tragödie] also einen gegebenen Stoff nach diesem ihrem Zwecke, so wird sie eben dadurch in der Nachahmung frei; sie erhält Macht, ja Verbindlichkeit, die historische Wahrheit den Gesetzen der Dichtkunst unterzuordnen und den gegebenen Stoff nach ihren Bedürfnissen zu bearbeiten. (Reclam XL, S. 172)

Sie verwenden in diesem Zusammenhang den Begriff »poetische Wahrheit«. Was soll diese poetische Wahrheit bezwecken?

[…] die Tragödie hat einen poetischen Zweck, d. i. sie stellt eine Handlung dar, um zu rühren und durch Rührung zu ergötzen.

Da [die Tragödie] aber ihren Zweck, die Rührung, nur unter der Bedingung der höchsten Übereinstimmung mit den Gesetzen der Natur zu erreichen im Stande ist, so steht sie, ihrer historischen Freiheit unbeschadet, unter dem strengen Gesetz der Naturwahrheit, welche man im Gegensatz von der historischen die poetische Wahrheit nennt. (Reclam XL, S. 172 f.)

Kann der Dichter dann einfach irgendetwas erfinden und als poetische Wahrheit ausgeben?

Die poetische Wahrheit besteht aber nicht darin, dass etwas wirklich geschehen ist, sondern darin, dass es geschehen konnte, also in der innern Möglichkeit der Sache. Die ästhetische Kraft muss also schon in der vorgestellten Möglichkeit liegen. (Reclam XL, S. 173)

Worauf sollte Ihrer Meinung nach die Poesie abzielen?

Die Poesie soll ihren Weg nicht durch die kalte Region des Gedächtnisses nehmen, soll nie die Gelehrsamkeit zu ihrer Auslegerin, nie den Eigennutz zu ihrem Fürsprecher machen. Sie soll das Herz treffen […]. (Reclam XL, S. 174)

Was ist denn nun überhaupt der Zweck der Kunst?

Der letzte Zweck der Kunst ist die Darstellung des Übersinnlichen, und die tragische Kunst insbesondere bewerkstelligt dieses dadurch, dass sie uns die moralische Independenz von Naturgesetzen im Zustand des Affekts versinnlicht. […] Das erste Gesetz der tragischen Kunst war Darstellung der leidenden Natur. Das zweite ist Darstellung des moralischen Widerstandes gegen das Leiden. (Reclam XL, S. 174 f.)

Warum müssen denn Ihre Helden und Heldinnen in Ihren Dramen immer so leiden?

Man gelangt also zur Darstellung der moralischen Freiheit nur durch die lebendigste Darstellung der leidenden Natur, und der tragische Held muss sich erst als empfindendes Wesen bei uns legitimiert haben, ehe wir ihm als Vernunftwesen huldigen und an seine Seelenstärke glauben. (Reclam XL, S. 175)

Maria Stuart beweist in Ihrem Drama letztlich ihre Seelenstärke. Aber Elisabeth als Königin ist vielfältigen Zwängen unterworfen. Sie zeigen selbst, dass Elisabeth oft gar nicht anders handeln kann und den Weg geht, den sie nach Meinung ihres Volkes und ihres Hofstaats gehen muss. Warum lassen Sie diese Frau dann so grandios scheitern?

Der Wille ist der Geschlechtscharakter des Menschen, und die Vernunft selbst ist nur die ewige Regel desselben. Vernünftig handelt die ganze Natur; sein Prärogativ ist bloß, dass er mit Bewusstsein und Willen vernünftig handelt. Alle andern Dinge müssen; der Mensch ist das Wesen, welches will. […] (Reclam XL, S. 175)

Zu behaupten, dass der Mensch frei sei, ist kühn – letzten Endes muss doch jeder Mensch sterben. Wie lässt sich Ihrer Meinung nach diese Tatsache überwinden?

[…] seine gerühmte Freiheit ist absolut nichts, wenn er auch nur in einem einzigen Punkte gebunden ist.

Die Kultur soll den Menschen in Freiheit setzen. […] die bildende Kunst [ist] völlig frei, weil sie von ihrem Gegenstand alle zufälligen Schranken absondert, und lässt auch das Gemüt des Betrachters frei, weil sie nur den Schein und nicht die Wirklichkeit nachahmt. (Reclam XL, S. 176)

Stationenheft

Station 1

1.

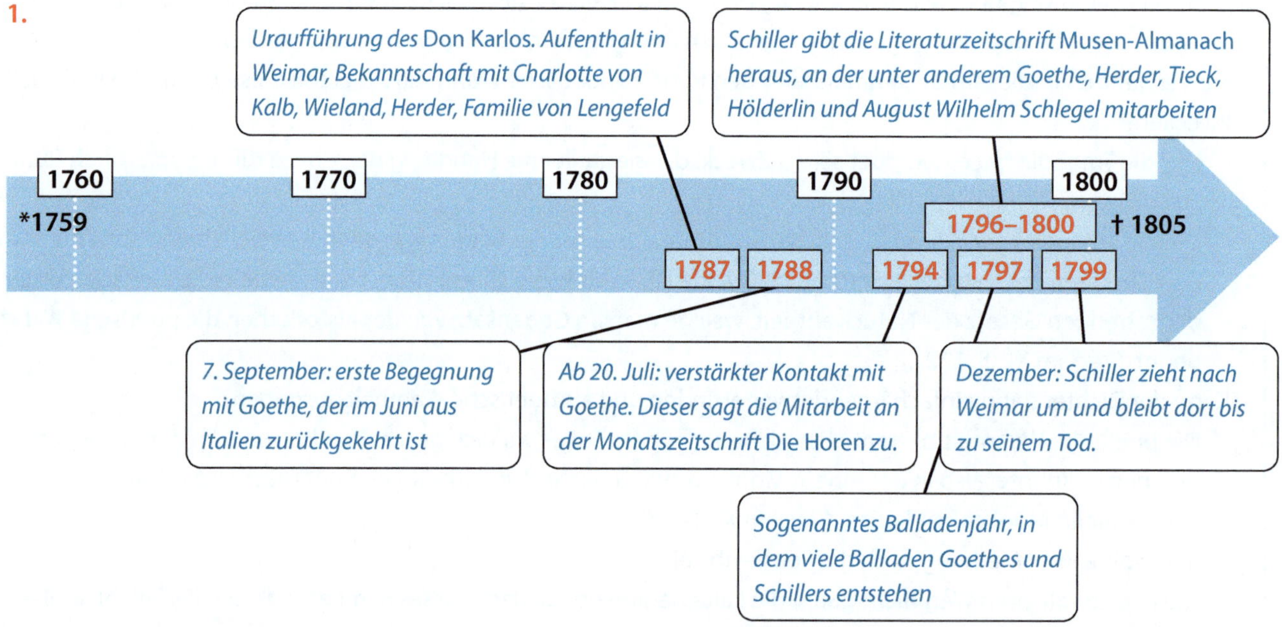

2.

- 20. 7. 1794: Begegnung bei Sitzung der »Naturforschenden Gesellschaft«
- Fortsetzung des Gesprächs um die Begriffe »Erfahrung« und »Idee« in Schillers Haus
- Goethe sagt Mitarbeit an den von Schiller herausgegebenen Horen zu
- 1817: Goethe beschreibt Begegnung mit Schiller im Aufsatz »Glückliches Ereignis«

3.

- 1733–1813
- Begründer des deutschen Bildungsromans
- Schrift über die Monarchie aus Sicht der Aufklärung
- Philosophieprofessor und Erzieher der Prinzen in Weimar
- Im literarischen Disput mit Goethe
- Goethe: »mit Wielanden hab ich göttlich reine Stunden.«

4.

- 1744–1803
- Theologe und Philosoph
- Geistiger Mentor Goethes in Straßburg
- Generalsuperintendent und Oberpfarrer in Weimar
- Trägt entscheidend zu Humanitätsvorstellungen der Weimarer Klassik bei
- Hauptschrift *Ideen zur Philosophie der Geschichte der Menschheit* (1784–1791)

Station 2

1.

- Flickenteppich von über 300 Kleinstaaten
- Landesherren mit kulturellen Ambitionen konkurrieren um Künstler

2.

- Anna Amalia Herzogin von Sachsen-Weimar-Eisenach und ihr Sohn Großherzog Carl August holen gezielt Künstler nach Weimar
- persönliche Begegnungen, bei denen gemeinsame Konzepte entstehen

3a)

- »Freiheitsapostel« suchen nur den eigenen Nutzen
- Vor allem die kleinen Leute leiden unter »Frankreichs traurig Geschick«

3b)

- Verlust des Königtums, Gefängnishaft, Anklage wegen vermeintlichem Hochverrat, Hinrichtung, Bild der Verführerin bei beiden Frauen.

Station 3

1.

- Ausdruck der Leidenschaft, Bild der höchsten Wahrheit und Schönheit
- Muster von Symmetrie und Mannigfaltigkeit, Ruhe und Bewegung, Gegensätzen und Stufengängen erregt eine angenehme Empfindung, mildert den Sturm der Leidenschaft durch Anmut und Schönheit

2a)

Zum Beispiel:

- Nachahmung der alten Griechen,
- Begriff von Schönheit, der sich »über die Natur erhebt«
- Schönheit ist geprägt von einer »im Verstande entworfenen geistigen Natur«
- Unter der Oberfläche ist Kunst maßvoll als »eine große und gesetzte Seele«
- Die Allegorie bringt Schönheit als Idee zum Ausdruck

2b)

Edle Einfalt, stille Größe

3.

In der Sterbeszene, 5. Aufzug, 6. Auftritt (V. 3480–3580)

Station 4

2a)

- Die Italienreise Goethes als Inspiration
- Die Kunst der Antike, die direkt auf die Themen der Literatur Einfluss nimmt (Iphigenie)
- Die Philosophie des deutschen Idealismus, besonders Immanuel Kants

2b)

- Streben nach Vollkommenheit, Sittlichkeit und Tugend
- Schöne Kunst verfügt über einen Eigenwert
- Abwendung von der Politik und Suche nach Schönheit (Antike)
- Leitideen der Klassik sind Harmonie und Humanität

2c)

- Vollendung und Schönheit, Harmonie zwischen Sinnlichem und Vernunft
- Der ideale Mensch, erzogen zu Vernunft und moralischem Handeln
- Das Wahre, Gute und Schöne
- Harmonische Einheit durch Orientierung an Idealen und Gesetzmäßigkeiten

Station 5

1.

Werk: *Wilhelm Meisters Lehrjahre*
Autor: Johann Wolfgang Goethe
Merkmale der Epik: Bevorzugte Gattung: Bildungsroman; formal freier gestaltet; dient vor allem dazu, die klassische Weltanschauung darzulegen

2.

Werk: *Der Handschuh*
Autor: Friedrich Schiller
Merkmale der Lyrik: Antike Formen; bevorzugte Gattung: Balladen = »Urei der Dichtung« (Balladenjahr 1797)

3.

Werk: *Iphigenie auf Tauris*
Autor: Johann Wolfgang Goethe
Merkmale des Dramas: Antikes Thema; klassisches Humanitätsideal; drei Einheiten; geschlossene Handlung; gehobene Sprache

4.

Zitat aus *Maria Stuart:* z. B.: »Löst mir das Herz, dass ich das Eure rühre!« (3. Aufzug, 4. Auftritt, V. 2274; Maria)

Klassikertexte mit Materialien im Anhang für den Einsatz im Unterricht

- Text seiten- und zeilengleich mit den Ausgaben der Universal-Bibliothek, daher parallel verwendbar
- Erklärungen schwieriger Wörter am Fuß jeder Seite
- Im Anhang: ausführliche Sacherläuterungen und weitere unterrichtsrelevante Text- und Bilddokumente
- Großes Format: Platz für Randnotizen
- Herausgegeben von erfahrenen Lehrer/innen und Fachdidaktiker/innen

RECLAM XL – TEXT UND KONTEXT
FRIEDRICH SCHILLER
Maria Stuart
Hrsg. von Wolf Dieter Hellberg
188 S. · ISBN 978-3-15-016128-9 · € 5,80
Auch als E-Book

Weitere Informationen zu Titeln und Reihen für Schule und Universität:
www.reclam.de/schule_und_studium